Ingo Chill

Brainwash und Einsichtsfalle

Indirekt direktive Kommunikation mit
jungen Menschen in Maßnahmen

Bibliografische Information der Deutschen Nationalbibliothek: Die Deutsche Nationalbibliothek verzeichnet diese Publikation in der Deutschen Nationalbibliografie; detaillierte bibliografische Daten sind im Internet über dnb.dnb.de abrufbar.

© Ingo Chill 2017
Herstellung und Verlag: BoD – Books on Demand, Norderstedt

ISBN 978-3743-17421-4

Inhalt

Einleitung 8

TEIL I 11

Gesetze der Magie 11

Perspektivwechsel 13

TEIL II 15

Jetzt geht`s los 15

Anzählen - aber richtig 15

Skalierung 19

Klärung - worum geht es überhaupt? 23

Den Auftrag krieg ich nie! 23

Andere Fragen oder - 26

nicht reparieren, sondern hin zu 26

Präzisierungen 29

Anweisungen geben 32

Sie sprechen Adoleszent? 32

Der Konjunktiv – möglich und schön 35

Zielplanung / Zielplanungsverfahren 38

Stufe EINS - Basics 40

Stufe ZWEI 43

Stufe DREI – wieder auf Anfang 47

Blankoressourcen 51

Keine Ziele 53

Empfehlungen zur Durchführung von
Zielplanungsverfahren 54
Vertretungssituationen 57
Der junge Mensch als Fachmann 57
Konsequent konsequent 60
oder Binsenweisheiten 60
Halte das, was du versprichst! 65
Versprich nur das, was du halten kannst! 65
Fortschritte sichtbar machen 66
Anekdoten und Geschichten 69
Setting 75
Der Feind meines Feindes... 76
Tacheles 78
Joker 81
    Ehrenwort geben lassen 81
    Ich bin nicht dein Feind 82
    Zweifel wecken 84
    Wertejudo 86
Platzhirsch 88
Querulanten 92
Psychohygiene 95
    Humor 95
    Abgeben 97

Nichts persönlich nehmen 98
TEIL III 99
Ein Wort zu Maßnahmen - 99
bezüglich der Teilnehmer 99
Konsequenzen und Druck 101
Abhaken dürfen 101
Wie muss man sein? 106
Ein Wort zu Maßnahmen - 112
bezüglich Konzeption, Geldgeber und   Kollegen 112
Das ist ja alles nur Manipulation 115
ANHANG 1 121
ANHANG 2 123
KLEINES WÖRTERBUCH 125
Über den Autor 128

Einleitung

Über Kommunikation gibt es unzählige Bücher. Für den pädagogischen und therapeutischen Bereich, für den Einsatz im Management und in der Werbung, für die Medienwissenschaften bis hin zur Selbsthilfe.
Das vorliegende Buch ist allerdings für Mitarbeiter in Maßnahmen mit Jugendlichen und jungen Menschen geschrieben. Denn wie Sie als Mitarbeiter einer solchen Maßnahme sehr schnell feststellen können, gibt es für diesen Bereich sehr wenig Kommunikationsmodelle und daher kaum konkrete Literatur.
Woran liegt das?
Maßnahmen zeichnen sich dadurch aus, dass sie für eine junge Klientel konzipiert sind (junge Menschen etwa zwischen 16 und 25 Jahren) und sie von einem Großteil dieser Klientel (zumindest zu Beginn der jeweiligen Maßnahme) als eine Art Zwang empfunden werden. Viele kommen daher eher unfreiwillig oder aus Mangel an Alternativen. Diesem Sachverhalt entsprechend sieht leider auch die Motivation dieser Teilnehmer aus.
Und genau für diesen besonderen Kontext

- empfundene Unfreiwilligkeit (Zwang)
- junge Menschen
- geringe Motivation
- geringe Lösungskompetenz

gibt es kaum Kommunikationsmodelle.

In der Lösungsorientierten Beratung werden drei Arten von Beziehungstypen beschrieben die zu einem Berater kommen: *Klagende*, *Besucher* und *Kunden*.
Klagende werden hier als Personen beschrieben, die sich beim Berater lediglich über Missstände beschweren und

nicht(s) verändern wollen. *Besucher* als (noch) unentschlossene Menschen, die vor einer Entscheidung überprüfen wollen, was die Beratung und der Berater für sie tun können. *Kunden* dagegen zeichnen sich dadurch aus, dass sie Ziele oder Probleme benennen können, die sie erreichen bzw. lösen möchten.
Diese Art der Einteilung ermöglicht es dem Berater effizient zu arbeiten, denn Erfolg versprechend ist primär die Arbeit mit *Kunden*. *Besucher* und *Klagende* können zwar durch wiederholte Angebote zu Kunden gemacht werden, Zeit und Mühe werden häufig nur für *Kunden* aufgewendet. Ein Berater (Therapeut) kann also jede Person, die er nicht als *Kunde* empfindet ablehnen.

Maßnahmen und Mitarbeiter von Maßnahmen können dies nicht.
Sie bekommen Menschen von anderen Stellen zugewiesen und haben sich vertraglich dazu verpflichtet mit ihnen zu arbeiten. Natürlich kann man die Zugewiesenen klassisch in die Beziehungstypen *Besucher*, *Klagende* und *Kunden* unterteilen. Passender ist allerdings in diesen speziellen Fällen häufig eine vierte Kategorie: *Maßnahmeteilnehmer*.

Diese vierte Kategorie, deren Verhaltensweisen und Probleme ist eine der zentralen Herausforderungen, der sich die Mitarbeiter von Maßnahmen stellen müssen.

Ausführende Träger und Maßnahmen stehen unter enormen ökonomischen Druck (vertraglich festgelegte) Erfolge in irgendeiner Form vorzuweisen. Mit einer Klientel, die zwar *Kunde* genannt werden muss, sich selbst häufig nicht als solche sieht und auch nicht angesehen werden kann.
Auftraggeber und Kostenträger bezeichnen diese Klientel als *Kunde*. Sie gehen vom vernunftbegabten jungen Menschen aus, dem lediglich aufgrund seiner Herkunft, seiner Sozialisation, seiner Bildung oder sonst wie gearteter

Umstände bestimmte Informationen fehlen, die ihm nur in der richtigen Form offeriert werden müssen, damit er sein Problem verstehen kann, Einsicht zeigt um dann schlussendlich entsprechend zu handeln.

Die dahinter liegende Idee und das dazugehörige Menschenbild lautet: wenn ein Mensch weiß, was ihm fehlt (ggf. warum) und was er tun sollte, ist er hochmotiviert dieses Fehlenden nachzuholen.

So die Theorie der Einsicht. Jeder, der mal mit dem Rauchen aufhören wollte oder der Kinder hat (vor allem pubertierende), weiß, dass da noch andere Faktoren maßgeblich sind. Um nicht zu sagen: Dominieren!

Genau für diese Herausforderungen der Praxis (vierte Kategorie) ist dieses Buch geschrieben: für Maßnahmen, deren Mitarbeiter und ihre Kundschaft. Es sind eklektisch zusammengestellte Techniken und Erfahrungen (Teil II), die hier vielleicht mit einem Roten Faden, aber nicht zwingend aufeinander aufbauend vorgestellt werden. Zuvor (Teil I) werden die Grundannahmen, die die Basis der beschriebenen Techniken darstellen, erläutert. Wem dies zu theoretisch ist, kann getrost gleich zu Teil II übergehen.

Sie werden durch Verwendungen der beschriebenen Techniken Ihre individuellen Möglichkeiten als professioneller Kommunikator erweitern und Ihre Kunden und Rezipienten werden dadurch größere Handlungsspielräume erhalten.

Dies macht Sie nicht unbedingt erfolgreicher in dem, was Ihr Auftraggeber unter erfolgreich versteht (heißt, was man in Zahlen ausdrücken kann). Sie kommunizieren dafür effektiver und eleganter und gestalten dadurch ihr berufliches Leben facettenreicher und leichter.

Was natürlich nicht heißt, dass Sie wenig tun können oder müssten. Sie handeln durch Verwendung dieser Techniken halt „anders" als zuvor.

Und um dieses „anders" geht es in diesem Buch.

TEIL I

Gesetze der Magie

Das *Erste Gesetz der Magie* in einem Roman aus meiner Jugend lautete „Menschen sind dumm!"
Ein alter verschmitzter Zauberer bringt im Laufe der Geschichte seinem jungen Adepten dieses und weitere Gesetze der Magie näher. Auf mich wirkte dieses *Gesetz* recht profan, da ich mir beim Kauf dieses Titels (*Das erste Gesetz der Magie* von Terry Goodkind) doch etwas Tiefsinnigeres erhofft hatte. Gleichwohl steckt eine tiefe Wahrheit in diesem *Gesetz*.
Nicht, dass die Menschen dumm wären im Sinne von geringer Intelligenz. Aber: Menschen lassen sich gerne täuschen und wollen sich auch gerne täuschen lassen. Und aus diesem Grund konstruieren sich Mensch auch die dazu entsprechende Wahrheit gerne selbst. Da es heutzutage nur noch sehr wenig wahre Zauberer gibt, ist es für Sie hilfreicher, wenn wir dieses *Gesetz* in *Überzeugungen* umwandeln.

Für die Arbeit mit Menschen in Maßnahmen helfen drei *Überzeugungen*:

- *Menschen brauchen und wollen einen Sinn in ihrem Tun (sehen)*

Wenn eine Aufgabe für Sie einen Sinn ergibt, sind Sie höher motiviert etwas aktiv dafür zu tun (oder ggf. etwas zu lassen), als wenn sich Ihnen der Sinn verschließt und Sie die Aufgaben trotzdem machen müssen. So zeigen beispielsweise jugendliche Fremdsprachenmuffel mit einem Male eine erstaunliche Motivation eine Fremdsprache intensiver zu erlernen, wenn ihr potentieller Gesprächspartner als potentieller Sexual- oder Liebespartner daherkommt und leider nur wenig deutsch spricht. Frei nach Nietzsche: *Gib dem*

Menschen ein Warum und er erträgt jedes Wie. Dabei muss dieser Sinn nicht allgemeingültig/nicht jedermann zugänglich oder „wahr" sein. Es genügt völlig, wenn der Rezipient einer Aktion Sinn in seiner Aufgabe und seinem Tun sieht.

- *Menschen brauchen den Glauben frei wählen zu können/frei gehandelt zu haben (auch wenn es sich dabei tatsächlich nur um Scheinalternativen handelt)*

Menschen lassen sich nur ungern sagen, was sie zu tun und zu lassen haben (selbst, wenn sie ggf. den Sinn darin sehen und vor allem, wenn es sich um Jugendliche handelt). Sie wollen selbst entscheiden und Herr ihres Schicksals sein. Der Glaube gezielt Einfluss auf die Dinge und die Welt nehmen zu können, ist eine starke Antriebskraft. Diese so genannte Selbstwirksamkeitserwartung bei jungen Menschen zu entwickeln ist, Ziel vieler pädagogischer und therapeutischer Richtungen. Die Kunst eines Kommunikators ist nun, nicht *alle* Alternativen benennen, sondern nur die Wahlmöglichkeiten aufzuzeigen oder anzubieten, die für den jungen Menschen eher hilfreich sind. Es kann sogar so weit gehen, dass Sie Alternativen anbieten, die lediglich den Eindruck einer Wahl lassen (Scheinalternativen). Trotzdem ist der junge Mensch mit einer solchen Wahl zufriedener, als wenn er das Gefühl hat, nicht wählen zu können oder sogar gezwungen zu werden. (siehe Anekdoten und Geschichten)

In der Arbeit in Maßnahmen und mit jungen Menschen, haben sich als dritte Überzeugung zwei nebeneinander existierende Sätze als hilfreich erwiesen. Der eine Satz hängt als Mahnung in einem Therapieraum einer Drogenklinik, der andere ist das Motto eines weltberühmten Hotels.

- *Wir sind hier nicht bei "**Wünsch dir was**", sonder bei "**So isses**"!*

und

We are Ladies and Gentlemen serving Ladies and Gentlemen!

Motto der Ritz-Carlton Hotel Company

Beide Sätze können, trotz ihres scheinbaren Widerspruchs, gleichzeitig nebeneinander existieren und genau mit der Unität dieser beiden Sätze lässt sich ausgezeichnet in Maßnahmen und Zwangskontexten arbeiten.

Perspektivwechsel

Viele junge Menschen kommen nicht unbedarft in eine Maßnahme. Sie haben oft nachhaltige Erfahrungen mit unterschiedlichen Helfersystemen gemacht. Sei es durch wohlmeinende Familienangehörige und Bekannte, Schulen, Jugendhilfe, Sozialpädagogen, Psychologen, der Psychiatrie und so weiter. Daher ist ein Großteil dieser jungen Menschen bestens geschult in der professionellen Gesprächsführung (mit Helfern). Sie kennen die gängigen Fragen, die ihnen gestellt werden. Sie wissen, welche Antworten von ihnen erwartet werden und was die "richtigen" Antworten sind. So setzen diese jungen Menschen ihr Wissen aktiv ein, um tiefer gehende Gespräch zu vermeiden (Fachjargon: kein Gespräch gedrückt kriegen) oder, weil sie einfach nicht wissen, wie sie sonst "richtig" antworten könnten. Dem Kommunikator wird nach dem Mund geredet, der Gesichtsausdruck zeigt tiefe Betroffenheit (gelernt ist eben gelernt), und es fallen Sätze: "Da muss ich noch an mir arbeiten...das habe ich noch nicht gelernt...das liegt an meiner Kindheit..."
Sätze, die einfach nicht zum normalen Wortschatz von jungen Menschen gehören (sollten).

Herausfordernder sind Gespräche mit jungen Menschen, die dabei versuchen, auf so genannte "Nebenkriegsschauplätze" überzuleiten, um so von sich oder Ihrem Fehlverhalten abzulenken. Es werden "klassische" Probleme angeboten, auf die sich dann der Helfer mit Inbrunst stürzen kann. Beispielsweise werden hier nicht näher spezifizierte persönliche Probleme in den Raum geworfen (Eltern trinken, schlagen, schlagen sich, Oma liegt im Sterben)- mal schauen, auf was das Gegenüber anspringt. Alternativ werden "schlimmere" Verfehlungen oder Missstände anderer Teilnehmer genannt: „Jetzt muss ich hier sitzen und die anderen haben doch das ganze gefilmt und ins Netz gestellt ..." In der Hoffnung, dass der Helfer nun auf diesen Sachverhalt sein Augenmerk (und Fragen) richtet.

Sollten Sie also den Eindruck haben, dass es sich um einen 'geschulten' Teilnehmer handelt, rufen Sie sich Einsteins Definition von Wahnsinn in Erinnerung:

Wahnsinn ist, immer wieder das Gleiche zu tun und andere Ergebnisse zu erwarten.

Daher gilt: wenn das, was Sie bisher getan haben nicht funktioniert, müssen Sie etwas anderes tun.[1]

Jede Frage des Kommunikators, die unerwartet und somit "anders" vom jungen Menschen wahrgenommen wird, beinhaltet die Möglichkeit, dass etwas Neues und daher Besseres dabei heraus kommt. Auf eine nicht erwartete Frage kann nur schwer eingefahren geantwortet werden.

Ungewohnte und unerwartete Fragen haben häufig einen Perspektivwechsel zur Folge, den Sie für Ihre Arbeit nutzen können.

Wie man dies macht, folgt in Teil II.

---

[1] oder nach Peter Cord: Wer etwas haben möchte, was er noch nie hatte, der wird wohl etwas tun müssen, was er noch nie tat.

TEIL II

Jetzt geht`s los
Anzählen - aber richtig

Während meiner Bundeswehrzeit ließ mich der Zugführer zu sich rufen. Nachdem ich mich gemeldet hatte, zog er umständlich sein Portemonnaie aus der Tasche, öffnete dieses sehr langsam, suchte darin herum und zeigte mir anschließend aus selbiger eine Gelbe Karte. Wortlos. Das Ganze war etwas verwirrend, da mir meine Frage "Warum?" nicht beantwortet wurde. Kurze Zeit später sprachen mich andere darauf an:

"Die Gelbe Karte - oh Mann!", "Jetzt musst du aufpassen..." und ähnliche wohlmeinende Kommentare.

Wie sich heraus stellte, hatte ich eine Regel verletzt, die in dieser Einheit durch diesen Zugführer eingeführt worden war. Da ich erst kurz zuvor in diese Einheit gewechselt hatte, kannte ich diese Regel nicht. Ebenso war in dieser Einheit jedem die Bedeutung der Gelben Karte klar. Eine Vorwarnung gab es nicht. Hinterher nur die Konsequenz (also die ausgeführte Rote Karte).

Ich war verwirrt, hatte ein schlechtes Gewissen, war sauer und fühlte mich ungerecht behandelt. Alles zusammen. Hier wurde meiner Meinung nach mit Kanonen auf Spatzen geschossen. Die "Vorwarnzeit" war mir zu gering, als dass ich mein Verhalten hätte anpassen können. Die Gelbe Karte an sich war ja schon eine Strafe (und nicht nur ein Feedback, mein Verhalten zu ändern), wie mir die Reaktion der anderen klar vor Augen führte.

Kommen wir wieder zu unseren Maßnahmen:

Ein neuer Lehrgang mit jungen Teilnehmern beginnt. Es gilt in den ersten Tagen eine große Anzahl von Anmeldeformularen und eine noch größere Anzahl an Tests *abzuarbeiten*. Alles in schriftlicher Form. In Sälen, an Pulten und vor Tafeln, welche die Jugendlichen zwangsweise an Klassenzimmer, Lehrer und Unterricht erinnern. Für die wenigsten dieser jungen Menschen eine gute Erinnerung. Entsprechend gering ist die Motivation.

Zu Beginn der Maßnahme werden neben der Klärung der Formalien auch die Regeln des Hauses und des Lehrgangs erläutert (und vom Teilnehmer per Unterschrift ratifiziert).

Fast immer versuchen schon nach kurzer Zeit einzelne Teilnehmern diese Regeln zu brechen, zu beugen - kurz gesagt diese Regeln und Sie als Person auszutesten.

Sie können nun als Mitarbeiter, der an den vernunftbegabten Menschen glaubt, die Sache vernünftig ansprechen:

"Herr Müller, Sie kommen zu spät aus der Pause. Wie wir Ihnen gestern...haben Sie sich verpflichtet...halten Sie sich in Zukunft...ansonsten...."

Wer kennt dies nicht? Die Teilnehmer auf alle Fälle. Welchen Erfolg glauben Sie wird eine solche Ansprache haben? Wie lange wird dieser Erfolg halten?

Wie oft sollte diese kleine Ansprache gehalten werden? Wann sollten Konsequenzen (welcher Art sie auch immer sein mögen) erfolgen?

Warum sollten Sie das Ganze wiederholt erzählen (Fachjargon: runterbeten), wenn Sie davon ausgehen können, dass

a) der Teilnehmer weiß, dass er etwas falsch gemacht hat
b) dass ihm solche Ansprachen bestens bekannt sind
c) er sein Verhalten mit hoher Wahrscheinlichkeit durch diese Art der Ansprache nicht ändert/ändern will/ändern kann

d) die anderen Teilnehmer genau zuschauen, wie alle Beteiligten hier aus der Situation heraus kommen/ mit der Situation umgehen?

Gehen wir wieder von der Situation aus, dass ein Herr Müller mit einer ordentlichen Verspätung aus der Pause erscheint. Vielleicht murmelt er eine Entschuldigung, vielleicht grinst er (vermeintlich provozierend) – Gehen Sie davon aus, dass die restlichen Teilnehmer Ihnen sehr interessiert zuschauen.

Sie können sich nun an die gesamte Gruppe wenden und den Zu-spät-Kommenden zunächst ignorieren (oder ihn höflich bitten doch Platz zu nehmen):

"Darf ich Ihnen eine Geschichte erzählen? Wissen Sie, mein Sohn kann bis Fünf zählen, seit dem er drei ist. ...Wissen Sie warum? ...Wenn er abends Blödsinn bei Tisch machte, gaben wir ihm die Eins..."

Dabei zeigen Sie sehr deutlich der Gruppe die geschlossene Faust und spreizen dann den Daumen ab.

"Machte er weiter mit dem Blödsinn, gab es die Zwei..., die Drei... , die Vier...!

Jeweils zu den Zahlen zeigen Sie der Gruppe schön deutlich die passende Fingeranzahl.

"Und bei Fünf...ging es ab ins Bett - ohne Gute-Nacht-Geschichte."

Meist blicken die Teilnehmer einen nun sehr verwirrt an.

"In der gesamten Zeit, in der meine Frau und ich dies praktizierten, kam unser Sohn nur zweimal bis zur Fünf... Bis zur Vier ging er ordentlich mit und probierte aus. Auf die Fünf verzichtete er - weil er genau wusste, was dann passierte."

Immer noch verwirrte Gesichter.

"Ach ja, Herr Müller..." Ich warte bis Herr Müller mich ansieht und zeige ihm dann (ohne laut zu zählen) den erhobenen Daumen.

"Alles klar?"

In dem Sinne, ob er verstanden hat. In eigentlich allen Fällen nicken die Teilnehmer, viele lächeln sogar.
Danach fährt man einfach im Stoff fort und geht zum Tagesgeschäft über.

Was soll über die Sache gesprochen werden, wenn der junge Mensch weiß, was er falsch gemacht hat?
Sie machen ihn auf einen Sachverhalt aufmerksam und fertig.
Er wird wie ein Erwachsener behandelt und kann damit sein Gesicht wahren, da er nicht vor der Gruppe gemaßregelt wird.
Ein solches Vorgehen ermöglicht es Ihnen, Ihr Anliegen sachlich und vielleicht mit einem Augenzwinkern zu vermitteln.
Da durch die einzelnen Grade nicht unmittelbar Konsequenzen für ihn drohen, bietet es dem Teilnehmer auch seinerseits die Möglichkeit, die Sache nicht persönlich, sondern lediglich als Information zu nehmen.
Es ist nicht ratsam einzelne Stufen zu überspringen. Beispielsweise für einen "schlimmen" Regelverstoß von der Eins gleich auf die Vier "Da siehst du, was du davon hast" o.ä.
Es soll lediglich eine Information vermittelt werden und nicht bestraft werden.
Es kommt vor (allerdings sehr selten), dass die angezählten Teilnehmer auf die Frage: **"Herr Müller, Sie wissen, warum Sie die [X] bekommen haben?"**, antworten, dass sie es nicht wüssten. Ob man dies im Einzelfall glaubt oder nicht, ist eine andere Sache. Was können Sie tun?
Richten Sie Ihre Frage einfach an die gesamte Gruppe.
"Weiß jemand, warum Herr Müller die [X] gezeigt bekommen hat?" Natürlich weiß es die Gruppe und antwortet. Sie fragen bei Herrn Müller nach, ob er die Antwort gehört hat und gehen wieder zum Tagesgeschäft über. Es ist nicht nötig, dass der Teilnehmer das ganze wiederholt, oder so etwas wie *Einsicht* zeigt.

Sollte Herr Müller darauf beharren und ausdiskutieren wollen, dass er das Anzählen als "nicht korrekt" ansieht - was manchmal geschieht - so können Sie auch in diesem Falle die Gruppe hinzuziehen.

"Frage an die Gruppe: Ist es gerecht, dass Herr Müller die [X] bekam?"

Sie sollen sich Ihr Handeln natürlich nicht von Jugendlichen ratifizieren lassen. Wenn Sie allerdings korrekt gehandelt haben, wird die Gruppe dies auch so empfinden und auch äußern. Und das hat mehr Überzeugungskraft für Herrn Müller als alles andere.

Gelegentlich fragen Teilnehmer, was denn bei der Fünf drohe. Entweder sind die Konsequenzen durch die Struktur der Maßnahme vorgegeben oder Sie antworte mit den Worten, die mir mein erster Teamer in diesem Zusammenhang anriet:

„Probieren Sie es doch aus?!" „Nein wirklich Herr C. Was passiert denn, wenn er (!) weitermacht?"
„Probieren Sie es einfach aus?!", allerdings wie immer mit einem Augenzwinkern, es soll keine Drohung sein.

Interessanterweise musste ich in dieser Phase des Lehrgangs, in der ich alleine für die Gruppe (12-15) verantwortlich war, nie bis zur Fünf gehen. Die Regeln wurden durch die konsequente Durchsetzung von der Gruppe schnell akzeptiert und eingehalten.

Skalierung

Eines der Hauptthemen, weswegen Teilnehmer häufig aus den Werkbereichen oder den Unterrichtsräumen zu einem professionellen Kommunikator der Maßnahme geschickt werden, ist die "verbesserungswürdige" Motivation. Zuvor wurden durch den direkt verantwortlichen Mitarbeiter (Lehrer, Werkstattleiter, Bildungsbegleiter etc.) eigene Lösungsversuche unternommen. So werden Teilnehmer erfahrungsgemäß in einem ersten Schritt einfach aufgefordert *besser, mehr, schneller* oder *richtig* zu arbeiten. In einem zweiten Schritt wird schon auch mal nach den Gründen gefragt. Dies in der Hoffnung, wenn man nur den Grund für ein Verhalten weiß, es dadurch auch automatisch zu einer Verhaltensänderung käme.

„Warum kommst du immer zu spät?", "Warum bist du so faul und drückst dich bei den anderen rum?", „Warum bist du nie an deinem Platz?".

Es wird versucht den jungen Menschen zur *Einsicht* zu führen. Ihm klar verständlich zu machen, dass das Eine falsch und daher schlecht, und das Andere richtig und damit gut ist. "Du musst doch verstehen, dass..."

Auch wenn der Verantwortliche eine Frage formuliert und eine Antwort erwartet, wird ein solches Gespräch eher einem Mono- als einem Dialog gleichen.

Ein Grund ist, dass Fragen, die mit *Warum* beginnen in derartigen Kontexten selten etwas wirklich Produktives zur Folge. Einsicht führt entgegen der allgemeinen Überzeugung, selten zu (gewünschten) Verhaltensänderungen.

Wer kennt nicht aus seiner Kindheit Sätze wie: "Warum (!) hast du das jetzt gemacht?" oder "Warum (!) kannst du dein Zimmer nicht in Ordnung halten?" Es gibt nun mal Fragen, die kann man nicht beantworten. Zu Verhaltensänderungen führen sie aber auch nicht.

Die klassische Antwort der Teilnehmer auf solche Fragen ist das berühmt berüchtigte und gewöhnlich gemurmelte: "...weiß nicht." Und ich kann Ihnen versichern, dass dies eine wahre Aussage ist. Sie wissen es wirklich nicht. Unverständnis auf beiden Seiten.

Eine nicht beantwortete Frage verlangt nach Wiederholung. Und so wird das Thema mit geringen Abwandlungen der Frage wieder und wieder gestellt.

Für beide Seiten ist dies frustrierend und scheint lediglich Vorurteile zu bestätigen. Beide sind davon überzeugt, dass der andere gelinde gesagt *schwierig* ist.

Schließlich landen die jungen Leute beim Kommunikator – er soll nun versuchen diesen schwierigen Kunden zur Räson zu bringen.

Müssen Sie wirklich wissen, welchen Grund ein junger Mensch für sein Verhalten angibt?

Warum überhaupt sollten Sie dahingehende Fragen stellen?

Machen wir einen Schritt zurück.

Was ist ihr eigentliches Ziel? Was wollen Sie als Mitarbeiter beim Teilnehmer erreichen?

Wie wäre es, dieses Ziel mit einer Frage zu erreichen?

Möchten Sie beispielsweise dem jungen Menschen verdeutlichen, dass er Ihrer Meinung nach unter seinen Möglichkeiten arbeitet, und dass er mit dem gezeigten Verhalten **sein** persönliches Ziel nicht erreicht, so können Sie fragen:

"Auf einer Skala von Eins bis Zehn, wobei Zehn bedeutet 'Ich gebe alles, ich zerreiße mich für den Job, am liebsten möchte ich hier in der Werkstatt wohnen' und Eins 'Ich hab gar keinen Bock, ihr könnt mir gar nichts, leckt mich doch am A…', …
wie viel Leistung gibst du uns?"

Das Ganze können Sie noch veranschaulichen, indem Sie dabei mit der Hand (Handfläche parallel zum Boden) das Niveau jeweils übertrieben anzeigen. Also bei der Frage nach der Zehn strecken Sie den Arm hoch über den Kopf, bei der Frage nach der Eins schwebt Ihre Hand so knapp über dem Boden, dass Sie sich nach unten neigen müssen (oder der Arm zumindest gerade nach unten gestreckt ist).

Wenn Sie zuvor alles nannten, was bisher nicht so optimal lief und sich und dann diese Frage bedeutungsschwanger, voller

Neugierde und mit entsprechenden Pausen langsam und leise stellen, bekommen Sie erstaunlich ehrliche und korrekte Antworten. Der Teilnehmer weiß, dass seine gezeigte Leistung und sein Engagement weit von der Zehn entfernt sind.

Nach einer solch ehrlichen Antwort haben Sie folgende Möglichkeiten:

- Besteht der Eindruck, dass der junge Mensch durch diese Antwort emotional angekratzt ist, können Sie jetzt auch mal nach dem Grund fragen ('Warum'): "Gibt es einen Grund, warum du uns nur [X] zeigst?" Sozusagen als Kommunikations- und Kontaktangebot Sie sollten allerdings ein Gespür dafür haben, wann Sie eine solche Frage stellen. Ansonsten enden Sie wieder in der 'Kenn-ich-schon'-Spirale des Teilnehmers.
- Wenn Sie von einem Hobby oder einer Freizeitaktivität des jungen Menschen wissen, so können Sie auch dies für das eigentliche Thema utilisieren (nutzen): **„Wenn du auf dem Platz nur eine Leistung von [X – genannte Zahl des Teilnehmers] zeigst, was würde denn dein Trainer dazu sagen? Dein Kameraden?"**
Antworten, wie ein entgeistertes: "Der würde mich erschlagen und auf dem Platz beerdigen", kann man auch mal einfach so stehen lassen.
- Sie könne die Skalierung weiter verwenden : **„Was müsste passieren / was könntest Du tun, damit deine Leistung von [X] auf [X+1] steigen würde?"**
Also die Frage, wie seine Motivation (o.ä.) um einen einzigen Skalierungs- (oder sogar lediglich um einen Prozent-) Punkt steigen könnte.
- Noch paradoxer und somit verwirrender, sind Frage, warum die Motivation nicht noch geringer ist, als

gezeigt. Hier fragen Sie zwar nach einem Grund ("Warum?"), es wird allerdings nicht als eine typische Erwachsenenfrage wahrgenommen. Der junge Mensch beschreibt und begründet ja etwas Positives und hat somit nicht das Gefühl sich verteidigen zu müssen:
„Das, was du uns zeigst ist also [X]. Warum [X] und nicht [X-1]?" Der junge Mensch muss also begründen, was am Lehrgang oder der Maßnahme in irgendeiner Form positiv für ihn ist. Ungewohntes Terrain für ihn.

Klärung - worum geht es überhaupt? Den Auftrag krieg ich nie!

In den meisten therapeutischen und beraterischen Kommunikationsmodellen gibt es zu Beginn eine so genannte *Auftragsklärung*. Der Mensch, der zum Berater kommt, will etwas, hat ein Anliegen, gibt einen Auftrag und ist somit Kunde.

Junge Menschen in Maßnahmen, die zum Kommunikator kommen oder gebracht (geschleppt) werden, mit denen nach Meinung eines Ihrer Kollegen *mal ein Wörtchen* geredet werden muss (Fachjargon: einnorden), sind keine Kunden im konventionellen Sinne. Worte schaffen Wirklichkeit, aber so wie die Karte nicht die Landschaft ist, die sie abbildet und das Wort Wiener Schnitzel auf Speisekartenpapier recht fade schmeckt, ist auch der junger Mensch, der als *Kunde* tituliert wird, noch lange kein Kunde, der ein Anliegen hat oder etwa einen Auftrag gibt. Der eigentliche Kunde ist jemand anderes - meist der Geldgeber der Maßnahme, da er ja ein Anliegen hat.

Hier geht es jedoch um einen anderen Auftrag:

Wird der junge Mensch beispielsweise wegen einer *Verfehlung* zum Kommunikator geschickt oder gebracht, gibt es dafür natürlich Gründe. Vielleicht wurde Sie schon vorab über das Erscheinen und das Vergehen des Teilnehmers informiert. Oder Sie könnten den Kollegen befragen, weshalb der junge Mensch nun vor Ihnen sitzt. Oder der Überbringer erklärt Ihnen persönlich, postwendend, unaufgefordert und sehr aufgebracht, welche Regelverstöße der Delinquent (mal wieder) verbrochen hat.

Die dahinter stehende Erwartung ist, dass der Kommunikator den jungen Menschen mit einer (einmaligen) Ansprache dazu bringt in Zukunft zu funktionieren und zwar so, wie es der Überbringer erwartet (Fachjargon: einmal Brainwash bitte). Sie können sich sicher sein, dass alle drei Optionen mit diesem Auftrag (Brainwash) keine Probleme lösen und auch kein neues Verhalten beim jungen Menschen generieren, sondern ihn in die Opposition treiben.

Wie wir weiter unten noch sehen werden, ist ein solcher Auftrag weder sinnvoll, noch möglich.

Die schon erwähnte und vermeintlich einfachste Lösung wäre, den Überbringer zu fragen, worum es geht, was vom Teilnehmer unterlassen und was erreicht werden soll. Allerdings wird der junge Mensch dabei einfach übergangen.

Warum also nicht gleich und zuerst den jungen Menschen fragen? Dies wäre zumindest besser, als ihn mit scheinbaren Tatsachen und einer Wahrheit zu bombardieren, die vermutlich nicht die seine ist. Es würde ferner verhindern eine Wahrheit fest zu schreiben, bei der er nur noch kleinlaut zustimmen kann oder in Opposition gehen muss.

Eine „zweite" Lösung wäre also, den jungen Menschen gleich selbst zu fragen:

„Warum bist du bei mir/zu mir geschickt worden?"

„Weißt du, warum du zu mir geschickt wurdest (gebracht wurdest/geschleppt wurdest)?
"Um was geht es überhaupt?"
Derjenige, der den jungen Menschen gebracht hat, dient dann lediglich als Informationsgeber in zweiter Instanz.
Dies ist ein löblicher Ansatz (siehe vernunftbegabter Jugendlicher). Sind allerdings viele Emotionen und verletzte Gefühle mit im Spiel, wird der junge Mensch selten darauf konstruktiv eingehen. Der Teilnehmer wird sich eher verschließen, da er erwartet gemaßregelt (Fachjargon: gefaltet) zu werden.

Als "dritte" Lösung wäre es möglich den Jungen Menschen in der Möglichkeitsform zu fragen (siehe Konjunktiv):
"Warum könntest du hier sein?"
Er weiß es dann, oder nicht. Er will antworten, oder auch nicht.

Eleganter und Erfolg versprechender als diese ersten drei Lösungsansätze ist es, indirekt sozusagen über die Hintertür vorzugehen.

"Was würde mir denn Herr X [Dein Anleiter, dein Meister, dein Lehrer] antworten, wenn ich ihn fragte (fragen würde), weshalb du hier sitzt?"

Diese (so genannte **zirkuläre**) **Frage** hat für Ihre Arbeit einige Vorteile. Der junge Mensch muss nicht eingestehen etwas falsch gemacht zu haben, er muss nichts 'zugeben'. Er soll lediglich eine Vermutung darüber äußern, was Herr X wohl über ihn sagen würde. Es wird vom jungen Menschen mehr als 'sachliche' Frage wahrgenommen. Und vor allem: eine solche Frage ist ungewohnt. Der Gefragte hat keine eingefahrene oder vorbereitete Antwort parat - er muss nachdenken.
Interessanterweise sind diese Antwort meist sehr präzise und treffen den Kern der Sache. Der junge Mensch fühlt sich durch

eine solche Frage selten angegriffen (im Gegensatz dazu, wenn *über* ihn geredet wird).
Sie können nun mit ihm auf einer sachlichen Ebene sprechen.

Da es nicht nur 'die eine' Wahrheit gibt, können weitere Fragen gestellt werden, die in die gleiche Richtung zielen und den jungen Menschen veranlassen die Sache auch aus anderen Blickwinkeln wahrzunehmen (Perspektivwechsel):

"Und was würden mir die anderen (Teilnehmer) aus der Klasse (der Werkstatt) sagen?"
„Was würden die anderen Teilnehmer einander erzählen, was passiert ist/wie dein Verhalten war?"
„Was würden die anderen Teilnehmer zueinander sagen, wie Herr X dich nach diesem Vorfall behandelt hat?"

Durch diese Art des Vorgehens wird allen Beteiligten klar, dass der junge Mensch alle relevanten Informationen schon hat - es geht also gar nicht darum, ihm zum x-ten Male zu erklären, was er falsch machte, sondern was er statt dessen tun kann.

Andere Fragen oder - nicht reparieren, sondern hin zu ...

Sie können eine solche Thematik auch unkonventioneller angehen. Anstatt den jungen Menschen aufzufordern, sich Gedanken über sein Fehlverhalten zu machen, können Sie Fragen stellen, bei denen der junge Mensch sich darüber Gedanken machen muss, was ihm stattdessen (noch) fehlt:

"Was bräuchtest du (man), um der perfekte Azubi zu sein?"
"Was müsstest Du zeigen, damit Herr X. sagt 'der hat`s begriffen'?"

"Wenn ich fertig mit meiner Arbeit wäre, würde ich nach einem neuen Auftrag fragen." Solche Antworten zeigen, dass der junge Mensch weiß, dass er 'nicht mehr so unmotiviert rumhängen soll', wie ihm schon oft vorgeworfen wurde, sondern, dass er statt dessen eine spezifische alternative Tätigkeit benennen kann. Auch hier zeigt, dass alle relevanten Informationen schon vorhanden sind.

Ähnlich, allerdings paradoxer ist folgende **Jokerfrage**:

"Was kann ich tun, [Pause] damit du [x] tust...?"
"Was muss ich tun, [Pause] damit du [x] tust...?"

Wenn Sie die Frage zum richtigen Zeitpunkt, bühnengerecht, ehrlich, (scheinbar) voller Interesse oder pathetisch stellen, sind meist folgende Reaktionen zu beobachten: Verwirrung (Konfusion), leerer Blick (innerer Suchprozess) und danach in aller Regel die Antwort: "...Nichts! ... Sie können (müssen) nichts tun, ...das muss ich selbst hinbekommen! / das kriege ich selbst hin".
Gewöhnlich ist der junge Mensch danach auch in der Lage, einzelne Schritte zu beschreiben.

Diese Technik ist eine Adaption von Keith Johnstones Vorgehen. Johnstone, der Begründer des *Theatersport* © (eine Form des Improvisationstheaters) animierte seine Schauspielschüler auf der Bühne spontan zu (re-)agieren, also zu improvisieren. Seine Schüler waren zu Beginn mit der neuen Methode oft derart überfordert, dass sie geistig vollkommen blockierten. In solchen Fällen entschuldigte Johnstone sich wortreich bei dem Schüler und der Klasse und ließ wissen, dass er die Sache wohl nicht gut erklärt habe. Er versicherte, dass er als Lehrer/Regisseur die volle Verantwortung für dieses Misslingen übernehme. Durch dieses Vorgehen ermutigt, konnte der Schüler weiter probieren und sogar *versagen*, ohne sich für das Gelingen der

Szene verantwortlich oder schlecht fühlen zu müssen. Schließlich trug ja Johnstone diese Bürde. Und auch für alle zukünftigen Fehlschläge übernahm Johnstone schon vorweg die Verantwortung.

Dieses Vorgehen, welches von außen betrachtet gelinde gesagt merkwürdig erscheint, war natürlich nicht *wahr* oder *echt* (genau genommen war es sogar Blödsinn), entlastete seine Schüler allerdings derart, dass sie unbeschwert spielten und dadurch erheblich bessere Ergebnisse zeigten. Der Stress beurteilt zu werden und sich selbst zu beurteilen war weg und damit auch die Blockade im Kopf.

Wichtig für Sie ist der durch Johnstone genial eingeleitete Perspektivwechsel.

Um beim Paradoxen zu bleiben, können Sie an das Erwachsene im jungen Menschen appellieren. Denn schließlich ist der Maßnahmeteilnehmer nach offizieller Redensart Kunde. Und der Kunde ist bekanntermaßen König. Selbst wenn der junge Mensch zu Ihnen gebracht wurde, gehen Sie einfach von der Prämisse (Behauptung) aus, dass er als Kunde etwas will:

"Was möchtest du von uns?"
"Was können wir/kann ich für Dich tun?"

Jede dieser Fragen erinnert den jungen Menschen, dass er ursprünglich als *Kunde* in die Maßnahme kam. Und nun erkundigt sich der Fragesteller sehr freundlich, entgegen der aufgeladenen Stimmung, welche *Wünsche* dieser *Kunde* hat.

Die Ausgangssituation, weswegen es zu diesem Gespräch überhaupt kam, erscheint für den jungen Menschen durch eine solche Frage in einer anderen Perspektive. Sie wird dadurch in einen anderen Rahmen gesetzt. Und darauf muss sich der junge *Kunde* erst einmal einstellen. Obendrein benimmt sich ein *Kunde* in aller Regel anders als ein widerspenstiger Teilnehmer. Der junge Mensch muss sich fragen, ob sein Verhalten zu einem erwachsenen Kunden gehört. Und als *Kunde* habe ich Wahlfreiheit und sehe vielleicht die Vorteile eines Handels mit dem Träger: Wissen, Netzwerk und Hilfe gegen korrektes Verhalten.

Eine Variation der oben genannten Frage, die den Ball wieder dem jungen Menschen zurückspielt:

"Woran würdest du merken, dass dir das hier etwas gebracht hat?"

Diese Frage hat gleich mehrere Vorteile. Zum ersten geht sie von der Prämisse aus, dass "das hier" ihm etwas bringt, er einen irgendwie gearteten Vorteil daraus ziehen kann, also das Ganze positiv zu bewerten ist. Dieser Vorteil ist aber immateriell.
Einige Teilnehmer von Maßnahmen kommen nur des Geldes wegen, andere jungen Menschen wegen eines irgendwie gearteten "Zwanges". Diese Frage zielt aber auf das "gebracht hat", Vergangenheit - also in der Rückschau. Niemand wird darauf antworten, dass er Ruhe vor dem Arbeitsamt hatte. Es ist also etwas von dem er dann (in der Zukunft) noch zehren können wird.
Zum Zweiten ist die Frage an sich sehr unpräzise gestellt und lässt offen, auf was sie sich bezieht. "*Das hier*" (dieses Gespräch in dem du gerade steckst) oder *"das hier"* (die Maßnahme an sich, oder die Zeit in der Werkstatt). Da der junge Mensch, wenn er antwortet etwas Positives antworten wird, kann es egal sein, auf was er sich bezieht - es ist ein positiver Anknüpfungspunkt.

Präzisierungen

Wenn ich Forderungen stelle, möchte ich, dass sie befolgt werden. Stelle ich Fragen, so möchte ich Antworten - natürlich

die richtigen. Aber woran erkenne ich richtige Antworten? Und was sind wirklich nützlichen Antworten? Was sind dabei hilfreiche Fragen?
Und wie viele Fragen muss ich für eine nützliche Antwort stellen?

Beispielartige Antwort eines jungen Menschen auf die Forderung in Zukunft pünktlich zu erscheinen:
"Ja, ... ich verspreche, ich komme jetzt pünktlicher!"
Heureka, der junge Mensch hat es begriffen. Der Mitarbeiter ist erleichtert und schickt den jungen Menschen wieder zu seiner Gruppe.
Nun, pünktlich ist schon ein weiter Begriff. Pünktlich**er** allerdings noch weiter. Glauben Sie nicht?
Kommt er also nicht mehr zwei Stunden täglich zu spät, sondern eine Stunde und 50 Minuten ist er - pünktlich**er**. Kommt er nun an einem Tag pro Woche pünktlich zum Arbeitsbeginn, ist er ebenfalls - pünktlich**er**.
Die Frage, die Sie bei einer solchen Antwort stellen könnten, lauten:
„**Und was heißt *pünktlicher*?"**
Antwort: "Ich komme halt immer pünktlich!"
Abgesehen, dass es ein *immer* nie (?!) gibt, hat er geschickt eine präzise Antwort vermieden. Sie ist zwar auf den ersten Blick richtig formuliert, aber nicht zweckdienlich. Natürlich weiß der Teilnehmer, dass ich weiß, dass der Unterricht um 8.oo Uhr beginnt. Er benennt es allerdings nicht.
Ihr Ziel sollte es sein für den Teilnehmer durch geeignete Fragen aus dem pünktlichen Arbeitsbeginn eine Realität entstehen zu lassen.
„Mit welcher Linie fährst du?...wann bist du dann im Haus...ist der Bus dann nicht ein bisschen knapp?...Du musst dich doch noch umziehen? ...wie lange vorher müsstest du dann im Haus sein? ... Was tust du als erstes in der Werkstatt ...usw."

Diese neue Realität können Sie perspektivisch weiter vertiefen: **"Was machen wir, wenn du wieder (mal) unpünktlich kommen solltest?"**
Was sollen Sie sich als Mitarbeiter den Kopf zerbrechen? Das soll ruhig der junge Mensch machen. Wobei viele dann gebremst werden müssen, da sie sich in der Überzeugung, ab sofort ein anderer Mensch zu sein, meist härter sanktionieren, als Sie es tun würden.
Antwort: "Dann können Sie mich sofort rausschmeißen!" oder „Mir alles Geld kürzen"
Selbst eine solche Aussage kann für die Zusammenarbeit genutzt werden: **"Bevor wir dich rausschmeißen, was könnte man vorher tun?"**

Interessant sind auch **verneinte** Antworten (siehe auch Anweisungen geben):

Antwort: "Ich mach das nicht mehr!"

Jeder weiß (vielleicht), um was es geht, denn schließlich drehte sich das vorangegangene Gespräch um diesen Punkt. Trotzdem ist es für Sie zweckdienlicher, den jungen Menschen jenes **das** spezifizieren zu lassen.
"Was genau machst du nicht mehr?" (Wann, mit wem etc.)
Wahrscheinlich wird auch diese Antwort verneint ausfallen.
"Ich komme nicht mehr **un**pünktlich!"
Auf verneinte Antworten gibt es für Sie im Grunde nur eine weiterführende Frage:

"Sondern?"

Was will der junge Mensch? Was will er statt dessen tun.
Den Kellner darauf aufmerksam zu machen, dass Sie heute **keine** Pizza wollen, lässt Sie so lange hungrig zurück, bis Sie sagen, was Sie wollen oder einem Angebot eines geduldigen und guten Kellners zustimmen.

Eine positive Aussage schafft eine fassbare Realität für alle Beteiligte. Wird diese weiter (wie oben) präzisiert, haben Sie einen überprüfbaren Feedbackbogen.

Anweisungen geben
Sie sprechen Adoleszent?

Für Anweisungen gelten äquivalente Regeln, wie in den vorangegangenen Kapiteln. Anweisungen müssen spezifisch und positiv formuliert sein.
Stellen Sie sich den Anleiter eines Werkbereichs vor, der einfach in den Raum hinein fragt:
„Kann das hier mal jemand aufräumen?" Abgesehen, dass dies zwar als Aufforderung gemeint und als Frage getarnt war – wie viel Erfolg wird eine solche Aufforderung bzw. Frage haben? Wer fühlt sich davon angesprochen oder zum Handeln aufgefordert? Wohl niemand. Es wird als Team-Arbeit aufgefasst: **T**oll, **e**in **a**nderer **m**acht's.

Ein Beispiel aus dem realen Maßnahme-Alltag mag dies verdeutlichen.
Ein jugendlicher Teilnehmer absolvierte ein Praktikum auf einem Bauhof. Der Vorarbeiter zeigte in Richtung mehrerer Sandhaufen (5) und gab die Anweisung: „Mach das weg." Der junge Mann tat, wie ihm geheißen und machte genau den (und nur den) Sandhaufen weg, auf den der Vorarbeiter seiner Meinung nach gezeigt hatte. Um die anderen musste er dafür sogar mühevoll mit dem Schubkarren herum manövrieren. Die Aktion war kein böser Wille des jungen Mannes, er war der Meinung alles richtig gemacht zu haben.

Polizisten, Rettungssanitäter und Feuerwehrleute nutzen präzise Anweisungen für ihrer Arbeit. Sind beispielsweise Schaulustige zur Stelle, wird nicht gefragt, ob ×jemand× helfen könne (falls dies notwendig wäre), sondern sie geben genaue

Anweisungen. „Sie hier vorne im grünen Pullover, halten Sie das hier..." Solchen Anweisungen wird in aller Regel Folge geleistet.

Verbreiteter als unspezifische Anweisung sind verneinte und versteckte Anweisungen.

„Könnt ihr denn nicht aufpassen?"
„Könnt ihr nicht leiser sein?"
„Wie oft habe ich dir gesagt, dass man nicht quer zur Maserung schleift?"
„Den Bohrer nicht **so** [*gemeint ist die Drehzahl*] laufen lassen."

Die Gegenfrage um heraus zu bekommen, was eigentlich gemeint ist, müsste auch hier lauten: **„Sondern?"**
Was natürlich nicht die Aufgabe des Teilnehmers ist. Es ist die Aufgabe des Mitarbeiters sich diese Frage selbst zu stellen.

Geben Sie Anweisungen so spezifisch wie möglich:
„Schleife immer in Richtung der Maserung! Fang mit dieser Körnung an!"

Halten Sie die Zahl an Informationen, die Sie in einer Anweisung geben, gering.
Zusätzliche Hinweise, die erst später relevant werden, sollten Sie zunächst weg lassen. Teilnehmer betrachten solche Zusatzinformationen, wenn Sie nicht wirklich interessant sind als *unwichtig* und speichern sie nicht ab.

„Zuerst machst du A, holst dann B, führst den Nippel in die Lasche, drehst das Ganze mit der Kurbel ganz nach oben..."

Zu viel Informationen.

Der Grund dafür ist, dass es sich bei Gehirnen von Jugendlichen bekanntermaßen um Baustellen handelt (*Teenager in the house: Brain under construction*). Geben Sie also immer eine Information nach der anderen und nicht zu viele. Am besten zergliedern Sie den eigentlichen Auftrag und

geben ihn in Teilschritten (peu à peu) an den Auftragnehmer. Dies erscheint zwar umständlich und anstrengend (ist es auch), auf lange Sicht macht es die Zusammenarbeit stressfreier. Je nach individueller Aufnahmefähigkeit, Zuverlässigkeit und Lernfähigkeit müssen Sie natürlich mehr oder weniger nachsteuern.
Halten Sie Anweisungen vorzugsweise **kurz, knapp, präzise** und **positiv**.

Haben Sie eine Anweisung gegeben, ist es sehr wichtig sich diese ratifizieren lassen. Dabei muss der junge Mensch nicht wie bei der Bundeswehr den Auftrag wiederholen (warum hat das Militär so etwas wohl eingeführt?!), es genügt, wenn Sie bei der Anweisung Blickkontakt zum jungen Menschen halten. Daran können Sie leicht erkennen, ob Sie Anschluss unter dieser Nummer haben (oder auch nicht). Ein gelangweiltes oder gemurmeltes „ja, ja…" mit einem auf den Boden gerichteten Blick lässt wenig Gutes hoffen.

Auf Fehlern herum zu reiten ist eine besondere Art Anweisungen zu geben.
Die darin implizierten Anweisungen kommen zwar an – leider sind es die falschen.
Um noch einmal daran zu erinnern. Maßnahmen sind dafür da, etwas zu lernen. Da ist es zwangsläufig (und nötig) Fehler zu machen. Genau aus diesem Grund sind die Teilnehmer in einer Maßnahme.
Auch Mitarbeiter von Maßnahmen sind nur Menschen und da können schon einmal die Emotionen hoch kochen. „Kannst du denn nicht aufpassen…ich habe dir tausendmal gesagt nicht zu…aber nein, der Herr muss ja…" Interessanterweise wird hier sehr spezifisch und genau beschrieben, was der junge Mensch Schritt für Schritt falsch machte. Und im schlimmsten Falle wird das wiederholt und wiederholt.

Merken Sie sich einfach: Auf Fehler in solch einer Weise hinzuweisen (Fachjargon: herum zu reiten) bringt weder Ihnen, noch dem Teilnehmer etwas. Vielleicht bei einem kooperativen Teilnehmer ein schlechtes Gewissen. Durch eine solche sehr bildhafte Beschreibung des Fehlers wird diese quasi in den jungen Menschen hinein hypnotisiert. Möchten Sie bessere Ergebnisse von Ihren Teilnehmern und weniger Stress, gewöhnen Sie sich an zu sagen, was sie in welcher Art und Weise haben wollen.

Der Konjunktiv – möglich und schön

Der Konjunktiv wird für die Darstellung einer Möglichkeit benutzt und daher auch als *Möglichkeitsform* bezeichnet.

Da Möglichkeiten noch keine Realität sind, wird diese Möglichkeitsform anders wahrgenommen als direkte (befehlende) Aussagen.

Mit der Möglichkeitsform können Sie Dinge in eine Diskussion einführen oder präsentieren, die bislang von Ihrem Gesprächspartner kategorisch abgelehnt wurden.

An einer Maßnahme nahm ein sehr einfach strukturierter Teilnehmer teil. Seine Eltern, beide Akademiker, lehnten jegliche Diskussion über eine mögliche geistige Einschränkung ihres Sohne ab. Sie hatten sogar über den langjährigen Besuch einer anthroposophischen Einrichtung erreicht, dass er in den Besitz eines Mittleren Bildungsabschlusses gekommen war. Wie sollte er denn da geistig eingeschränkt sein?
Zu diesem Zeitpunkt des Lehrgangs waren allerdings die pädagogischen und therapeutischen Möglichkeiten, den jungen Mann mit normalen Mitteln zu fördern, ausgeschöpft. Die Mitarbeiter der Maßnahme und der Agentur für Arbeit befürworteten dringend eine Testung des Teilnehmers durch

den Psychologischen Dienst der Agentur für Arbeit. Es konnte davon ausgegangen werden, dass der junge Mann dadurch Reha-Status erhalten würde. Somit bestünde die Möglichkeit ihn in einer Folgemaßnahme adäquater und länger zu fördern, beispielsweise in einer überbetrieblichen (betreuten) Ausbildung.

Versuche von Seiten des Trägers, als auch durch die Agentur für Arbeit, die Eltern von der Notwendigkeit einer solchen Testung zu überzeugen, wurden von diesen vehement und wiederholt abgelehnt. Sie bestanden stattdessen auf die Vermittlung in eine Ausbildung auf dem ersten Ausbildungsmarkt (vorzugsweise als Goldschmied oder ähnlich bodenständigen Sachen) und warfen dem Träger vor, nicht genug für ihren Sohn zu tun.

Die Lösung war dann schlussendlich sehr einfach. Nachdem sich die Mitarbeiter und die Eltern zum wiederholten Male telefonisch wenig konstruktiv austauschten und die Unterhaltung wieder festzufahren drohte, wurde durch den hinzu gerufenen Kommunikator folgende Frage an den Vater gestellt:

" Herr M. ... angenommen, nur einmal angenommen, wir hätten recht mit der Einschätzung Ihres Sohnes [...PAUSE] Was würden Sie Ihrem Sohn antun, was würden Sie Ihm vorenthalten, wenn Sie ihm nicht die Chance gäben diesen Test zu machen?..."

Die Pause am anderen Ende der Leitung war sehr lang. Der Vater verabschiedete sich kurz angebunden und legte auf.

Am Folgetag informierte die Agentur für Arbeit, dass die Eltern der Testung "auf Anraten der Maßnahme" hin zugestimmt hätten.

Den Konjunktiv können Sie auch in weiteren Fällen verwenden. Erhalten Sie beispielsweise in intensiven Gesprächen mit Ihren Teilnehmern keine Antwort auf Ihre

Fragen, weil der junge Mensch nicht will, nicht weiß oder nicht in der Lage ist, hilft ebenfalls die Möglichkeitsform.

"Wie könnte die Antwort lauten, wenn du sie wüsstest?"

Diese Frage ist auf den ersten Blick (nicht nur für den jungen Menschen) verwirrend. Sie können sie auch gerne freundlich wiederholen, als sei das Schweigen des jungen Menschenes nur auf ein akustisches Problem zurück zu führen. Oder Sie *erweitern* die Frage einfach:

„Rate einfach mal!"

Im Sinne eines analogen Perspektivwechsels und hin zu einer Lösung könnten Sie auch fragen:

"Wie würde sich ein perfekter TN verhalten...?"
„Was würde ein perfekter TN tun?"

Da das Wörtchen *perfekt* ziemlich abschreckend wirken kann, können Sie auf zwei elegante indirekte Fragen ausweichen. Sollte der junge Mensch einen Freund im Bereich haben, der gute Leistungen zeigt und somit als Vorbild dienen könnte (oder es ein irgendwie geartetes Vorbild geben sollte, von dem sie wissen), so könnte eine zielführende Frage lauten:

„Was würde denn der [*Thomas*] in dieser Situation tun?"

Ist Ihnen kein Vorbild bekannt, fragen Sie einfach danach:

„Wer könnte es denn wissen? Und was würde der sagen?"

Auch hier werden Sie die Erfahrung machen, dass das benötigte Wissen beim jungen Menschen implizit schon da ist.

Antwortet der junge Mensch mit einem "weiß nicht", oder mit "mir doch egal, was der Thomas macht", haben Sie noch die Möglichkeit die *Ferne Zukunft* hinzu zu nehmen.

Dafür müssen Sie allerdings ein wenig ausholen:

„Angenommen, das klappt alles, wie du dir das gedacht hast: du machst deine Ausbildung, schließt sie erfolgreich ab, hast einen festen Job, arbeitest, verdienst richtig Geld..., vielleicht bist du verheiratet, hast eine eigene Wohnung, ein eigenes Haus. Ein Auto, vielleicht Kinder und bist tatsächlich schon dreißig Jahre ... [ein unvorstellbar biblisches Alter für junge Teilnehmer] **und schaust zurück auf den [EIGENER NAME des Teilnehmers] von heute. Was würdest du ihm raten? Was müsste der (anders) machen? Was tätest du an seiner Stelle?"**

Lässt sich der jungen Mensch auf diese Frage ein, erhalten Sie erfahrungsgemäß sehr interessante Informationen, mit denen Sie weiter arbeiten können.

Zielplanung / Zielplanungsverfahren

Über die Instrumente Zielplanung, Zielplanungsverfahren, Zielvereinbarungen lassen sich ganze Bücher füllen. Sie galten und gelten als die Ultima Ratio in der Arbeit mit Klienten in Maßnahmen. Leider wird meist nicht zwischen Zielplanung und Zielvereinbarungen unterschieden.
Eine Ziel**vereinbarung** stellt von der Idee her einen Vertrag zwischen zwei (gleichberechtigten) Partnern dar.
Die Ziel**planung** oder das Zielplanungsverfahren sollte der Weg sein, wie die Ziele der Zielvereinbarung zu erreichen sind.
Es wird hier *sollte* geschrieben, da viele Menschen in Institutionen, die das Instrument der Zielvereinbarung nutzen oder solche Maßnahmen planen, nicht wissen, dass es einen Unterschied inhaltlicher Natur zwischen diesen Begriffen gibt. Sie gehen von der Prämisse aus, wenn ein Ziel (auch nur wage) formuliert und festgeschrieben wurde, man auch automatisch wisse, wie dieses Ziel zu erreichen ist.

Dem ist allerdings nicht so. Nach einer definierten Zeit (Wiedervorlage) als Sachbearbeiter zu überprüfen, ob eine Vereinbarung von Seiten des Kunden eingehalten wurde oder nicht und ggf. mit Sanktionen zu drohen, ist keine Zielplanung und dient nicht ihrem tiefen Sinn.
Doch was ist dieser tiefere Sinn?
Ursprünglich stammt das Verfahren der Zielplanung aus dem operativ-taktischen Bereich des Militärs. Später wurden Ihre Prinzipien auch von Teilen der Ökonomie übernommen.
Im militärischen Bereich wird von einer übergeordneten Stelle ein (taktisches) Ziel für den Auftragnehmer vorgegeben und ihm dafür Ressourcen (finanziell, personell, materiell) zur Verfügung gestellt. Der Auftragnehmer (der untergebener Soldat/Befehlsempfänger) hat anschließend die weitgehende Handlungs- und Entscheidungsfreiheit, wie er mit diesen Ressourcen, das vorgegebene Ziel erreichen will. Die Intention dieses Vorgehens ist die Förderung der Selbständigkeit, Eigeninitiative und der Motivation beim Auftragnehmer (Untergebenen). Trotz des Begriffes *Militär* kann dieser Idee auch ein gewisses Maß an Kreativität zugesprochen werden. Durch diese Art des Vorgehens kann auf Veränderungen flexibel reagiert werden, da die Entscheidungen schnell vor Ort (vom Auftragnehmer), dennoch im Gesamtzusammenhang getroffen werden. Zielsetzungen werden so effektiver und schneller erreicht. Allerdings setzt dies ein hohes Maß an Vertrauen in die Fähigkeiten des Auftragnehmers voraus.
Man kann sagen, dass diese Vorgehensweise sehr erfolgreich in militärischen Operationen angewandt wird und sie mittlerweile ein Grundelement der Planung in der Ökonomie ist. Selbst in der Mitarbeiterführung sind bestimmte Elemente nutzbringend anzuwenden.

Können und sollen diese Prinzipien nun auch nutzbringend im Sozialen Bereich Anwendung finden? Vor allem in Bereichen und Kontexten, die die Auftragnehmer/Ausführenden nicht als wirklich frei gewählt wahrnehmen?

Es gehört heute zum Standardrepertoire von Maßnahmen, dass sie Zielvereinbarungen (seltener Zielplanungsverfahren) verwenden - unter anderem da sie durch Vorgaben der Kostenträger dazu verpflichtet sind.

Unabhängig davon, welche Form und Vorgehensweisen das jeweilige Verfahren eines Trägers vorschreibt, gibt es bestimmte Schritte und Fragen, die Sie in jedes Verfahren integrieren können.

Stufe EINS - Basics

Wir unterscheiden im Grunde zwei Arten von Zielen: Die **Fernziele** und die **Nahziele**.

Erstere sind strategisch/langfristig, die zweiten eher taktischer/kurzfristiger Natur.

Die so genannten **Fernziele** (auch **Grobziele** genannt) können Sie leicht bei Ihrem Klienten erfragen. Sie sind der Auftrag, weswegen der junge Mensch in die Maßnahme kommt, geschickt wurde, oder weswegen die Maßnahme an sich geschaffen wurde.

Mögliche Fernziele, die von Ihren Klienten auf Nachfrage geäußert werden sind beispielsweise:
"...ein Ausbildungsplatz" oder "Ich will meinen Hauptschulabschluss."

Wessen Idee das genannte Ziel ist oder wer den Auftrag dafür erteilte, ist zu Beginn des Verfahrens nicht wichtig.

Im Folgeschritt müssen Sie die **Nahziele** (auch **Feinziele** genannt) definieren.

Feinziele stellen die einzelnen Schritte dar, *wie* das **Fernziel** erreicht werden soll.

Entweder sequenziell (erst dies, dann das) oder parallel/zeitgleich. Ihre eigentliche Aufgabe und Kunst ist es, diese Schritte mit Ihrem Klienten zu erarbeiten.

"Was sind notwendigen Schritte um [dein Fernziel] zu erreichen?"

Folgende Hilfsfragen können Ihnen helfen die Fein- oder Zwischenziele zu präzisieren.

"Was musst du dafür tun, damit du [dein Fernziel] erreichst?"
"Was müsstest du können/lernen, damit du [dein Fernziel] erreichst?"
"Was müsstest du ändern, damit du [dein Fernziel] erreichst?"

Die jeweilige Frage darf nur durch den jungen Menschen beantwortet werden. Werden ihm die Antworten vorgegeben (durch wen auch immer) oder in den Mund gelegt („Du musst pünktlich erscheinen"), ist ein solches Verfahren sinnlos. Der junge Mensch kann dann zwar äußerlich mit einem "Ja" zustimmen und innerlich denken "ja, ... du mich auch".

Bei der Beantwortung der Fragen sollten Sie unbedingt darauf achten, dass die Antworten aus positiven Aussagen bestehen und nicht verneint sind.

"Ich stehe um 8.oo Uhr in Arbeitskleidung an der Werkbank", statt "Ich werde nicht mehr verschlafen".

Die Fragen sollten im Idealfall aus präzisen und quantitativ messbaren Aussagen bestehen und keine Vergleiche beinhalten.

"Ich lerne jeden Tag fünf Fachausdrücke" (messbar) statt "Ich werde mich mehr anstrengen" (Vergleich).

Antwortet der junge Mensch nicht nach diesen Regeln, so ist es Ihre Aufgabe so lange nachzufragen, bis die Antworten den oben genannten Kriterien entspricht.

Hilfreich können folgende Hilfsfragen sein:

"Sondern?"
"Was genau heißt 'mehr anstrengen'?"

Sollte Ihnen der junge Mensch nicht antworten (können), greifen Sie wieder auf zirkuläres Fragen zurück.

"Was würde mir denn dein Anleiter (dein Lehrer/Deine Freunde/Deine Eltern) sagen, was du brauchst/ was du noch entwickeln musst, damit du [dein Ziel] erreichst?"

Sie können davon ausgehen, dass die jungen Menschen sehr genau wissen, was sie noch entwickeln müssen (u.a. bekommen sie es oft genug gesagt).

Wenn Sie im Vorfeld schon Informationen aus der Werkstatt oder von den Lehrkräften bekamen, ermöglicht Ihnen dies präzise Fragen zu bestimmten Verhaltensweisen zu stellen und das Gespräch somit zu lenken. Ansonsten laufen Sie Gefahr, dass Sie wichtige Punkte vernachlässigen und nicht schriftlich fixieren. Solche Lücken in der Zielplanung machen sich dann später negativ bemerkbar.

Zielplanungsverfahren sollen jedoch keine Einbahnstraße sein. Auch die Mitarbeiter des Trägers sollen in der Pflicht stehen etwas tun, damit der junge Mensch seine Ziele erreicht.

"Was brauchst du von uns?" "Was müssen/können wir tun?"

Dieses Fragen haben zwei Vorteile:
Zum einen folgt aus solch einer Frage wieder ein Perspektivwechsel beim jungen Menschen, da er sich

Gedanken machen muss, was er von welchem Mitarbeiter wünscht.
Zum anderen haben Sie durch derartige Fragen die Möglichkeit, Angebote von Ihrer Seite zu machen und dadurch das Verfahren wieder zu lenken.
Der Grundgedanke: Wenn du deinen Teil erfüllst, machen wir dies oder jenes für dich (quid pro quo). Der junge Mensch sieht sich als erwachsen(er), da er hier auf Augenhöhe mit verhandelt und nicht nur einseitig durch andere Vorgaben erhält. Der junge Mensch macht die Erfahrung selbst etwas bewirken und somit Einfluss auf ein Ergebnis nehmen zu können.
Sein Glaube an die Selbstwirksamkeit wird somit erhöht.

Schlussendlich müssen Sie für jeden Schritt einen Zeitrahmen setzen (Verbindlichkeit). Sie erhöhen damit die Wahrscheinlichkeit der Umsetzung.

„Was ist der allererste Schritt [den du machen musst]?"
„Ab wann soll mit dem entsprechenden Schritt begonnen werden?"
„Bis wann soll der Schritt abgeschlossen sein?"

Mit diesen Mindestangaben haben Sie die Grundstruktur eines Zielplanungsverfahrens mit:
- Grobziel (Fernziel)
- Fein - Nah- oder Zwischenziele zur Erreichung des Grobzieles
- Handlungsschritte durch die Mitarbeiter
- Zeitrahmen

Stufe ZWEI

Nun müsste es ja mit den Zielen klappen. Sollten Sie allerdings schon einmal (oder viele Male) versucht haben mit dem Rauchen aufzuhören oder alternativ sich vorgenommen haben *ab morgen* jeden Tag Sport zu treiben, dann haben Sie wahrscheinlich schon am eigenen Leibe erfahren, dass solch ein einfaches Vorhaben auf diese Art und Weise wenig Aussicht auf Erfolg hat. Auch wenn es der vernünftigste aller Schritte ist.

Das Verfahren muss an den richtigen Stellen also noch vertieft werden, um erfolgreich zu sein - kommen wir also zur Kür.

"Wer kann dir dabei helfen dein (Zwischen-)Ziel zu erreichen?"

Wie die Fragen "Was kann ich tun, damit du...?" ist dies eine Frage, die konstruktiv und systemisch innere Suchprozesse auslöst: beispielsweise die Familie, Freunde, Partner etc. Diese Frage bringt weitere Kontexte und somit veränderte Perspektiven.

"Was kann dir dabei helfen dein (Zwischen-)Ziel zu erreichen?"

Ein sehr profanes Beispiel: der gute alte Wecker.
Fragen Sie nach Personen und Dingen in der Außenwelt, nicht nach Handlungsschritten ("Um 10.oo Uhr ins Bett gehen")

Es wäre naiv zu glauben, wenn ein Ziel oder Teilziel auch nur **genannt** werde, dieses auch erreicht würde. Probleme und "Herausforderungen" auf dem Weg zum Ziel gibt es immer.
Sehr wichtig für eine Planung sind demzufolge mögliche Hindernisse **vorweg** zu nehmen. Am besten in der Möglichkeitsform (um zu verhindern, daraus in der Vorstellung schon Tatsachen zu machen).

"Welche Hindernisse könnte es geben?"
"Was könnte schwierig sein, an [diesem Teilziel]?"
"Was könnte verhindern, dass...?"

Da Sie als Kommunikator eine größere Lebenserfahrung haben als der junge Mensch, kann es nötig sein, dass Sie als des Teufels Advokat auftreten müssen, um mögliche oder wahrscheinliche Probleme konkret zu benennen.

Von einem Problem zu wissen, ist jedoch nicht genug. Sie müssen darauf achten die Selbstwirksamkeit und die Handlungsfreiheit des jungen Menschen zu stärken beziehungsweise zu erweitern. Aus diesem Grund hat dieser Fragenkomplex noch einen zweiten Teil.

"Wie gehst du mit diesem Hindernis konstruktiv um?"
"Was kannst/könntest du tun (wenn dieses Hindernis auftritt)?"
„Was kannst du tun, damit dieses Hindernis gar nicht erst auftritt?"

Dieser so genannte Ökologiecheck ist für Ihre Arbeit äußerst wichtig. Sind die vorher genannten Ziele und Schritte ökologisch für den jungen Menschen oder haben sie unerwünschte Nebeneffekte?

Ein junger Teilnehmer einer Maßnahme erarbeitete sehr intensiv neue und konstruktive Verhaltensweisen bezüglich seines aggressiven Verhaltens gegenüber dem Werkstattleiter. Alles schien geklärt und der junge Mann war hochmotiviert nach den Vereinbarungen zu arbeiten. Ernsthafte Schwierigkeiten außer einem fehlenden Wecker fielen ihm nicht ein.
„Was glaubst du, wie deine Kumpels reagieren, wenn du auf einmal pünktlich kommst, mit Herrn X. zusammenarbeitest und an deinem Werkstück bleibst?" Der junge Mann war wie vor den Kopf gestoßen und brauchte etwas länger für eine Antwort: „...Die würden mich für einen Schleimer halten...!"
Die erarbeitete Lösung war also noch nicht *ökologisch*.

Durch diese zwei verbundenen Fragenkomplexe verschwindet das "Alles oder Nichts", das "Eins oder Null" und es ergeben sich Nuancen.

Viele Menschen erreichen im beruflichen und persönlichen Bereich ihre individuellen Ziele nicht, da sie den kleinsten Rückschritt als Beweis dafür sehen, dass ihre komplette Zielsetzung nicht zu erreichen ist. Umgehend verwerfen sie die gesamte Planung, das bisher Erreichte und geben auf.

Wenn beispielsweise jemand beschließt weniger Kilo auf die Waage zu bringen und dann in einem schwachen Moment auf einer Geburtstagsfeier statt des einen geplanten Stück Torte deren drei verdrückt, generalisiert bzw. verallgemeinert dieser Mensch dann, dass die ganze Sache sowieso keinen Zweck hatte und nimmt sich das vierte Stück.

Um solche negativen Auswirkungen eines schlichten *Vorfalls* zu vermeiden, beziehen Sie diese Möglichkeit einfach mit in Ihre Planung ein. Wenn Sie *Vorfälle* geistig vorweg nehmen und für diese schon entsprechende Handlungsalternativen entwickeln, haben Sie und Ihr Klient nicht nur etwas, auf das er im Fall der Fälle zurück greifen kann, sonder geben *Vorfälle* eine besondere Bedeutung und bestärken sogar die eigentliche Zielplanung, da der Vorfall ja Teil der Planung war. Es beweist die Funktionalität der Planung.

Um die Zielplanung nachhaltig zu gestalten, sollten Sie das erwünschte Verhalten (das Ziel) kontextualisieren. Das heißt, dass Sie und Ihr Klient versuchen, sich das neue Verhalten in seinem Kontext vorzustellen, um damit seine daraus resultierenden Folgen beurteilen zu können. Dieser Kontext fungiert dann als Feedback(schleife), die das neue Verhalten wiederum verstärkt. Es ist wieder eine jener Fragen, die der junge Mensch nicht erwartet und wahrscheinlich noch nie in einem solchen Zusammenhang gehört hat.

"Woran merkst du/würdest du merken, dass du dein Ziel erreichst hast?"
"Woran merkt ein anderer, dass du dieses Ziel erreicht hast?"

Beispielantwort: Ich komme halt pünktlich!
„Woran merkst du dass du pünktlich kommst?"[Es geht hier nicht um die Uhrzeit]
„Herr Müller schnauzt mich nicht an!"
„Sondern?"
„Er lässt mich einfach in Ruhe und ich kann an meine Arbeit, ohne mir ein Gespräch anhören zu müssen."
Vielleicht noch nicht das beste aller Ziele, aber sicherlich ein (noch ausbaufähiger) Schritt in die richtige Richtung.

Stufe DREI – wieder auf Anfang

Was ist das eigentliche Ziel eines Zielplanungsverfahrens?
Natürlich effektive Unterstützung der Zielerreichung.
Und wie soll dies von der Grundidee her erreicht werden?
Vor allem durch eine Steigerung der Motivation des Ausführenden.

Leider wird das Instrument der Zielplanung in vielen Maßnahmen lediglich als Nachweis- oder Dokumentationsinstrument gebraucht bzw. sogar missbraucht. Wissentlich oder unwissentlich. „Wir haben doch Ziele vereinbart, aber der andere hat sich nicht an die Absprachen gehalten".

Gehen wir wieder auf Anfang.
Was will ein junge Mensch in und von einer Maßnahme?
Provokante Antwort bei den herausfordernden Fälle:
Meist nichts!
Es wird daher einfach angenommen, dass das Ziel die Wissensvermehrung und eine Ausbildungsstelle sein soll. So lautet in vielen Fällen der externe Auftrag für den jungen Menschen: Akquise einer Ausbildungsstelle.
Und da sich der junge Mensch bislang noch nicht realistisch mit seinen Wünschen auseinander setzte und sich daher noch

nicht wirklich klar darüber ist, was er will, bestätigt er der Einfachheit halber diesen Auftrag.

In einigen Fällen wird dies stimmen. Er möchte wirklich eine Ausbildungsstelle – doch in welchem Beruf? In anderen Fällen wiederum nicht. Denn wenn Sie als professioneller Kommunikator ein wenig intensiver nachfragen (Fachjargon: nachbohren), ergibt sich sehr schnell, dass diese Zustimmung häufig nur Lippenbekenntnisse oder Ahnungslosigkeit darstellen.

Motiviert den jungen Menschen das Ziel *Ausbildungsstelle bekommen* überhaupt?

Zu einer Verhaltensänderung und einem größeren Engagement wird es nur kommen, wenn ein echtes Ziel gefunden wird. Etwas mit dessen Erreichung der junge Mensch sich wirklich identifizieren kann. Ein Ziel, welches ihn, um ein älteres Wort zu gebrauchen, *inspiriert*. Ein solches *echtes* oder *wahres* Ziel, wird mit hoher Wahrscheinlichkeit dem erstgenannten übergeordnet, also wichtiger oder *wertvoller* sein.

Eine kurze Geschichte mag dies veranschaulichen:

Die Steinmetzgeschichte

Ein Mann vom Lande geht in einer großen Stadt über eine Dombaustelle und sieht den dort tätigen Steinmetzen zu.

„Erlaube mir eine Frage: Was tust du da?" fragt er den ersten Gesellen.

„Du siehst doch, ich behaue einen Stein", lautet die mürrische Antwort.

Der Mann geht weiter und stellt seine Frage einem Anderen.

„Ich behaue diese Steine, damit ich Frau und Kinder ernähren kann!"

Der Mann beschließt ein letztes Mal seine Frage zu stellen. Diesmal richtet er sie an einen alten Steinmetz, der immer

noch mit jugendlichem Elan mit seinen Werkzeugen den Stein bearbeitet.
„Was tust du?"
Der Mann hält kurz in seiner Arbeit inne, lächelte und antwortete: „Siehst du`s nicht? Ich baue eine Kathedrale!"

Im Laufe eines Lehrgangs schreiben sie beständig das Zielplanungsverfahren für den jungen Menschen weiter. Erhalten Sie wiederholt bei der Frage nach seinem Fernziel lediglich die banale Antwort "Eine Ausbildungsstelle", so können Sie dies akzeptieren (und scheitern) oder das Ganze hinterfragen (wobei in der Silbe *hinter* der Perspektivwechsel angedeutet ist.)

„Wozu braucht man denn überhaupt eine Ausbildungsstelle?"

Wenn Sie diese Frage stellen, ernten sie neben Unverständnis Antworten wie beispielsweise "Geld verdienen", "braucht man halt", "ich verstehe Ihre Frage nicht" etc.

Sie können dann weiter insistieren und beispielsweise mitteilen: „Es gibt auch ein Leben ohne Ausbildungsstelle",. „Geld kann man auch anders verdienen", „Harz IV geht doch auch, hat man eh viel mehr Freizeit."

Stellt man diese Fragen und macht diese Aussagen ehrlich, interessiert und nicht provozierend und bleibt bei dieser Haltung, so erscheinen schließlich Antworten, die wirkliche Werte und Motivationen zeigen.
Denn (Behauptung!) jeder Mensch besitzt Werte, die ihn motivieren.

„Ich will, dass meine Eltern auf mich stolz sind". (Vorzugsweise eine Antwort von Teilnehmern mit Migrationshintergrund)

„Ich will nicht harzen, sondern mein eigenes Geld verdienen."

Dass es die *richtigen* Antworten sind, merken Sie daran, dass die jungen Menschen emotional berührt sind, sich ein wenig verletzlich oder auch trotzig zeigen, weil sie einen Angriff befürchten. Ein solches Ziel lässt die Augen leuchten und die jungen Menschen zeigen vielleicht nur sehr kurz eine deutlich andere Körpersprache und –haltung. Richtige Antworten kann man nur schwer definieren, aber Sie erkennen sie, wenn Sie sie sehen und hören. Und selbst der junge Mensch ist erstaunt, was er da geantwortet hat.

Eine junge Frau hatte den sehr konkreten Wunsch der Tierarzthelferin. Sie war nach eigenen Angaben allerdings nicht in der Lage, sich in den Vorstellungsgesprächen gut darzustellen. Es war davon auszugehen, dass ihre wirkliche Motivation von den potentiellen Arbeitgebern hinterfragt wurde und sie sich nicht gut verkaufen konnte. Um die jungen Frau auf ihr nächstes Vorstellungsgespräch vorzubereiten, wurden schlussendlich auch Fragen zu ihren Werten gestellt. Beispielsweise: „Warum tut man sich das an,... für so wenig Geld als Tierarzthelferin,... sich von den Viechern beißen zu lassen?" Die junge Frau antwortete mehrmals politisch korrekt und wie sie glaubte, wie man in Vorstellungsgesprächen zu antworten habe. Zu ihrer Bestürzung wurde keine Antwort akzeptiert. Schließlich kam die fast trotzige (und ehrliche) Antwort: "Herr C. ich liebe Tiere!". Ihre ganze Haltung und ihr Auftreten hatten sich dabei und danach sehr eindrucksvoll verändert. Und auch ihr war das sofort klar.

Der nächste Schritt war nun noch, diese Haltung mit in das nächste Vorstellungsgespräch zu nehmen und dort zeigen zu können.

Diese emotionalen und übergeordneten Ziele gehören **nicht** in die schriftliche Fixierung eines Zielplanungsverfahrens. Es wird meist als etwas sehr privates oder intimes angesehen.

Haben Sie ein solch übergeordnetes Ziel mit dem jungen Menschen heraus gearbeitet, können Sie bei jeder Neuformulierung und Überarbeitung des eigentlichen Zielplanungsverfahrens den Teilnehmer dezent an seine übergeordneten Ziele und Werte erinnern. Solch ein Motivationsdoping wirkt in aller Regel über eine gewisse Zeit lang fort und muss nur hin und wieder aufgefrischt werden. Es hat sozusagen eine Depotwirkung.

Blankoressourcen

Bei speziellen Klienten ist man als Mitarbeiter einer Maßnahme versucht, ein Zielplanungsverfahren nur an vermeintlichen Defiziten und deren Reparatur zu orientieren. Ein Zielplanungsverfahren soll aber mehr sein als das Beseitigen von Defiziten. Der junge Mensch soll lernen eigene Ziele zu entwickeln. Für die Maßnahme und darüber hinaus. Und egal, wie und was er als Erfolge im Leben definiert, muss ihm klar werden, dass er etwas für seine Träume tun muss. Dafür soll er in der Maßnahme das notwendige Wissen erlangen. Um damit den Glauben zu stärken, dass er vieles aus eigener Kraft erreichen kann.

Was kann ihn dabei unterstützen?

Viele Teilnehmer haben durch die Defizitorientierung in ihrem bisherigen Leben vergessen, dass sie als Person Charaktereigenschaften besitzen, die unabhängig von erreichter Bildung, Schulabschluss oder Ausbildungsplatz sind. Sie besitzen Stärken (und Schwächen), die ihnen helfen können ihre Ziele zu erreichen. Sie müssen die Teilnehmer nur daran erinnern.

Erfragen Sie im Rahmen der Zielplanungsgespräche drei Schwächen und danach drei Stärken. Die jungen Menschen sind oft erstaunt, dass sie so etwas besitzen und dass jemand danach fragt.

„Welche drei Schwächen hast du?" Die dich bei deiner Zielerreichung hindern könnten (Konjunktiv)

„Ich kann z.B. mein großes Maul nicht halten..."

„Wie kannst du diese Schwäche zu einer Stärke machen?"

„Vielleicht wenn ich einen Beruf finde, bei dem man das braucht?!"

"Was ist das gute an deiner Schwäche?"

„Ich stehe zu meiner Meinung", "Ich bin ehrlich."

„Welche drei Stärken hast Du?" „Was kannst du gut?" „Welche Eigenschaften können dir helfen Dein Ziel zu erreichen?"

Lautet hier die Antwort z.B. "Fußball spielen" oder "zocken" (PC und Konsole spielen), so können Sie auch das mit den richtigen Fragen nutzen. Fußball selbst wird als eigentliche Ressource eher selten gebraucht.

„Was schätzt dein Trainer / deine Spielkameraden besonders an dir" „Was zeichnet dich aus?"

„Dass ich laufe bis zum Umfallen, nie aufgebe und um jeden Ball kämpfe"

„Ich bleibe so lange dran, bis ich genau das habe, was ich will."

Vielleicht hat der junge Mensch dies noch nie so gesehen, aber Sie können ihm ruhig sagen, dass andere solch ein Verhalten beispielsweise als *Durchhaltevermögen* oder *Biss* bezeichnen würden. Der jungen Mensch muss nur noch lernen, es in einen anderen Kontext zu übertragen.

Keine Ziele

In seltenen Fällen gibt es Teilnehmer, die selbst durch ein ausführliches Zielplanungsverfahren nicht zu erreichen sind. Was auch erarbeitet oder vorgegeben wurde, nichts scheint sie zu motivieren.

Eine Möglichkeit mit dieser Tatsache umzugehen ist, beide Seiten zu entlasten. Vielleicht ist zu diesem Zeitpunkt ein Festschreiben von Zielen noch nicht möglich oder sinnvoll.

Sie erklären dem Teilnehmer einfach, dass Sie seine Haltung akzeptieren und er ihr vollstes Verständnis dafür hat. Jetzt sei es aber Fakt, dass er [der junge Mensch] nun mal in dieser Maßnahme sei, vielleicht, weil er gezwungen sei, oder des Geldes wegen, oder aus Mangel an Alternativen…

„…was kann man trotzdem hier im Lehrgang machen oder erreichen / was können wir dir anbieten, dass Du sagen würdest, 'das hat mir irgendetwas gebracht' ?"

Oder kleiner

„…was muss heute passieren, damit du heute nach Hause gehst und sagst 'das war toll', 'das war okay'?"

Eine positive Antwort eines jungen Menschen auf eine solche Frage ist natürlich nur Mittel zum Zweck.

"Ich würde gerne heute mit [ein bestimmtes Werkstück] fertig werden.", "Ich will endlich mal was anderes als an der
U-Schiene zu feilen."

Es soll ihn lediglich kurzfristig motivieren und anhalten zu kooperieren. Das, was er antwortet stellt mit hoher Wahrscheinlichkeit kein Grobziel oder Feinziel im eigentlichen Sinne dar. Sie können es allerdings als guten Einstieg für die eigentliche Ziele der Maßnahme nutzen. Mit der Zeit entwickelt der Teilnehmer dann wirkliche Ziele.

Empfehlungen zur Durchführung von Zielplanungsverfahren

Der wichtigste Punkt zuerst:

- Ein Zielplanungsverfahren ist in der Hauptsache für den jungen Mensch. Die Ziele und Teilschritte sind primär beim jungen Menschen zu erfragen und nicht bei Dritten. Dritte können hinzu gezogen werden, sind aber nicht die eigentlichen Nutznießer.

- Jegliche Vereinbarung, die Sie mit Ihren Klienten treffen, sollten Sie dokumentieren. Dies schafft zum einen Verbindlichkeit in der Zusammenarbeit und der junge Mensch fühlt sich durch das *Aushandeln* der Inhalte gleichberechtigt. Dies erhöht die Chance, dass er beim Erstellen als auch bei der Umsetzung der Vereinbarung aktiv mitwirkt.

Ihr Zielplanungsverfahren sollte eine standardisierte Form haben.

- Alle hier aufgeführten Fragen können Sie für ein Zielplanungsverfahren nutzen. Sie sollten es allerdings vermeiden, alle diese Fragen einfach nacheinander zu stellen, um sie auf dem Papier lediglich *abhaken* zu können.

Was ist die Idee einer Zielplanung? Der jungen Menschen soll auf sein Ziel hin motiviert werden. Alles andere (die Zergliederung in Teilschritte und alle Folgefragen) sind nur Mittel zum Zweck.

Wenn Sie einfach technisch alle möglichen Fragen stellen, ist dies nicht nur unübersichtlich und bindet viel Ihrer kostbaren Zeit, der junge Mensch bekommt mit hoher Wahrscheinlichkeit schnell den Eindruck, dass Sie an seinen Antworten nicht interessiert sind und ihn nicht ernst nehmen. Sie genügen durch diese Art des Vorgehens lediglich ihrer gewählten oder vom Träger vorgegebenen Form, nicht aber dem Inhalt/dem Geist der hinter den Zielplanungsverfahren steht.

Es gilt also abzuwägen, *welche* Frage Sie *wann* stellen. Hier einen gemeinsamen Nenner zu finden zwischen den Vorgaben des Trägers, des Geldgebers und den Wünschen des Teilnehmers und das Ganze noch zu kommunizieren ist eine Kunst für sich. Haben Sie ein solches Zielplanungsverfahren wiederholt durchgeführt, entwickeln Sie schnell ein pädagogisches Geschick, welchem jungen Menschen Sie wann welche Frage stellen können und welche Sie stellen sollten.

- Ein Zielplanungsverfahren ist dann und nur dann wirkungsvoll, wenn Sie es in regelmäßigen Abständen mit dem jeweiligen Teilnehmer fortschreiben. Das heißt, dass Sie alle Schritte der Planung, die von Ihnen angeregt, mit Ihnen vereinbart oder sonst wie festgelegt wurden in dem von Ihnen festgelegten Zeitrahmen überprüfen.

Wurde das jeweilige (Teil-)Ziel erreicht? Entstehen dadurch neue Teilziele?
Wenn das Ziel nicht erreicht wurde.
Warum wurde es nicht erreicht? Bleibt das Ziel als solches bestehen? Muss es verändert, oder weiter zergliedert werden?

Ein Zeitrahmen von vier bis sechs Wochen für intensive Gespräche mit den Beteiligten ist hier sinnvoll, machbar und für den jungen Menschen nachvollziehbar.

Wenn Sie sich an diese regelmäßigen Sequenz halten, honoriert Ihr Teilnehmer, dass Sie sich mit ihm und seinen Zielen beschäftigen. Vor allem, wenn Sie bei jedem Treffen jeden einzelnen Punkt ansprechen, auf Veränderungen und Anliegen des Teilnehmers eingehen und so für Sie beide der Prozess und die Fortschritte deutlich werden. Somit sind solche Gespräche nicht nur irgendein beliebiges Gespräch, sondern ein fester Bestandteil im Leben des jungen Menschen.

Größere Zeiträume, wie bei vielen Trägern praktiziert (alle drei Monate oder sogar darüber hinaus), sind nicht sinnvoll, da sie für den jungen Menschen keine Kontinuität darstellen, keinen Prozess erkennen lassen und nur zu Pflichtübungen für beide Seiten ausarten.

Die Zielüberprüfungen selbst, also die Überprüfung der im Zielplanungsverfahren festgeschriebenen Schritte und Vereinbarungen sollten zuverlässig an den abgesprochenen Zeitpunkten stattfinden. Das kann der normale Turnus des Zielplanungsverfahrens sein oder es können außerordentliche Termine sein, wie beispielsweise *'bis nächsten Donnerstag'*.

Wenn Sie sich an ihre eigenen Wiedervorlagetermine halten, werden Sie rasch feststellen, dass die Erfolge und Fortschritte den zeitlichen Aufwand mehr als wett machen. Die Arbeit mit den jungen Menschen wird sich nach der Etablierung dieses Instruments einfacher als vordem gestalten. Sie wird zum Selbstläufer.

- Die Informationen der Kollegen aus den Bereichen und den Verantwortlichen in den Praktika sind ein wichtiger Teil der Planung. Idealerweise sollten sie bei solchen Zielplanungsverfahren mitwirken.

Werden die Kollegen bei der Planung mit einbezogen, amortisiert sich dieser Aufwand rasch, da auch diese Kollegen sich und ihre Arbeit geschätzt fühlen. Zudem vereinfacht sich auch die Zusammenarbeit zwischen Ihnen und den Teilnehmern.

<u>Zusammenfassung der wichtigsten Punkte:</u>

- **Ihr Hauptansprechpartner ist Ihr Klient**
- **Dokumentieren Sie**
- **Stellen Sie nur ausgewählte Fragen, die Sie oder ihren Klienten weiterbringen**

- **Regelmäßige Wiedervorlage des Zielplanungsverfahrens**
- **Regelmäßige Treffen mit allen Beteiligten**
- **Nutzen Sie das Wissen aller Beteiligten**

Vertretungssituationen
Der junge Mensch als Fachmann

"Wat issen n`Dampfmaschin? ... Da schtelle ma uns ma janz dumm!"
Sie kennen diesen Spruch vielleicht aus der Feuerzangenbowle. Und selbst wenn Sie ihn nicht kennen – es ist ein guter Ansatz für Vertretungssituationen – sich einfach mal dumm stellen.

In Maßnahmen passiert es leider häufig, dass man eine Gruppe Teilnehmer kurzfristig und vertretungsweise übernehmen muss. So kann beispielsweise auch ein Sozialpädagoge plötzlich als Anleiter einer Gruppe Handwerker fungieren.

Wenn Sie nun versuchen, den perfekten Mitarbeiter zu mimen, der alles kann (vor allem, wenn Sie es nicht können), so rächt sich dies rasch. Die jungen Menschen merken sehr schnell, ob Sie von dem entsprechenden Metier Ahnung haben, oder nicht.

Was können Sie tun?

Sie können sich zu aller erst fragen, was Ihr eigentlicher Auftrag ist.
Von Seiten des Trägers ist ihr Auftrag klar: eine Personallücke schließen und Teilnehmer beschäftigen (Fachjargon: bespaßen).
Wie können Sie nun dafür sorgen, dass auch die jungen Menschen etwas davon haben?

Sie haben die Möglichkeit sich unter großem Stress schnell einzuarbeiten, ein Alternativprogramm zu entwickeln oder etwas mehr oder minder Sinnvolles zu machen.
Oder: Sie stellen sich dumm. (Auch wenn Sie Ahnung vom Metier haben, ist dies möglich und auch manchmal sinnvoll).
Ihr Vorgehen könnte dann so aussehen:
Sie erläutern der Gruppe, dass Sie lediglich in Vertretung und zur Aufsicht da seien. Sie fragen die Gruppe, was die anliegenden Arbeiten seien und lassen sich von jedem Einzelnen seinen aktuellen Arbeitsauftrag erläutern.

„Was ist Dein Auftrag?", "An welchem Werkstück bist du gerade?" „Was musst du tun?"

Und weiter:
„Auf was muss man dabei achten?" „Wie macht man das?" „Hab ich noch nie gemacht, erklär mal." „Wie nennt man das, was du gerade machst?" „Was kommt danach?" etc.

In einer bestimmten Klassenstufe hatte ich selbst als Schüler eine Menge Probleme mit Mathemagie. Konnte ich mich nach einiger Zeit durchringen jemanden (einen Erwachsenen) um Hilfe zu bitten, stellte sich ein weiteres Problem ein. Die Erwachsenen hatten zu einer anderen Zeit als ich Mathematik erlernt. Die Gesetze der Mathematik verändern sich nicht. Für Namen, Darstellung und Vorgehensweisen im Fach Mathematik gilt das nicht. Also musste ich erst einmal umständlich erklären, worum es eigentlich geht, was die verschiedenen Dinge bedeuten, wie die vom Lehrer gewünschte Form aussieht. Interessanterweise löste sich meist während des Erläuterns die eigentliche Fragestellung in Wohlgefallen auf. Das Problem löste sich also durch das Erklären (der Schritte).

Warum nicht eine solche Methode aktiv nutzen? Ich lasse mir also vom Teilnehmer erklären, worum es geht, was zu tun und auf was zu achten ist. Ich bin mir nicht zu schade, mich als unwissend zu outen und der jungen Mensch kann sich in diesem speziellen Fall in dem Wissen sonnen, mehr als der Erwachsene zu können.

Eine Parallele aus dem Sportcoaching mag hier hilfreich sein:
Im Sportcoaching geht es nicht darum, dem Sportler zu erklären, was er wie zu machen habe – u.a. da man selten genau diesen Sport auf Niveau des Sportlers ausübte – der Sportler weiß von diesem Sport meist mehr als der Coach. Dieser hat nur die Aufgabe, die richtigen Fragen zu stellen, damit der Sportler sich selbst beispielsweise mit seinem Bewegungsablauf auseinander setzt.

Richtig befragt setzt sich der junge Mensch in der Maßnahme mit seinem Arbeitsauftrag oder seiner Aufgabenstellung konstruktiv auseinander, reflektiert diese und ist sogar stolz dem Erwachsenen etwas voraus zu haben und ihm etwas erklären zu können. Er fühlt sich anerkannt, da das normale Schüler-Meister-Verhältnis aufgehoben zu sein scheint.

Bleibe ich als Mitarbeiter bei diesem Interesse, wird er mit großer Wahrscheinlichkeit ausdauernd an seiner Arbeit bleiben – er muss ja jetzt weiter zeigen, dass er *kann*.

Sollten Fragen vom Teilnehmer kommen, so kann man diese an die Gruppe oder einen erfahrenen Teilnehmer weiterreichen.

Generell kann gesagt werden, dass, egal in welcher Position Sie arbeiten, Sie nicht immer alles wissen müssen. Vermitteln Sie vor allem nicht, den Eindruck, dass Sie alles (besser) wüssten. Ein ehrliches: „Weiß ich jetzt nicht." bringt dem jungen Menschen mehr, als alles andere. Er lernt, dass man a) nicht alles wissen muss, b) warten kann, c) man sich dieses Wissen besorgen kann und ggf. d) wie man an dieses Wissen kommt.

Ganz nach dem Motto: Was muss ein guter Offizier können? Ein guter Offizier muss nichts können - er muss nur jemand kennen, der was kann.

Wissen Sie in der Gruppe von einem anderen Teilnehmer, der dem Fragenden unter die Arme greifen kann. Wunderbar. Beide haben konstruktiv etwas zu tun und beide wachsen an dieser Aufgabe.

Wichtig hierbei ist, dass Sie Ihren Helfer nicht überfordern oder ihm Weisungsbefugnisse über seine Kollegen einräumen. Ihre Aufsicht und Ihre Präsenz als Verantwortlicher muss stets gewährleistet sein.

Konsequent konsequent oder Binsenweisheiten

Beim Besuch eines Spielplatzes konnte ich vor einigen Jahren beobachten, wie Klein-Kevin versuchte seinem Sandkastennachbarn dessen Spielzeug wegzunehmen. Nachdem dieser nun anfing zu protestieren, reagierte die Mutter von Kevin:

„Kevin lass das!"

Löblich. Doch die begleitende Mimik und Gestik, sowie die stimmliche Ausgestaltung zeigten eher Ausdruckslosigkeit, Langeweile, Desinteresse.

Es wurde nicht mal von der mitgebrachten Zeitschrift aufgeblickt (Smartphones gab es noch nicht).

Kevin reagiert auf diese Anweisung nicht und piesackte munter weiter. Warum sollte er auch reagieren?

Ein zweites Mal: „Kevin... lass das!" Ein drittes und viertes Mal. Wiederholung auf Wiederholung. Ein Singsang. Gefühlte einhundert Mal. Klein-Kevin machte fröhlich weiter.

„Kevin, komm her". Ein neuer Ansatz. Nun im Wechsel. „Kevin lass das", „Kevin komm her." Kevin hörte – auf was auch

immer, nur nicht auf diese Litanei. Diesen tibetisch anmutenden Singsang.

Würde der Mutter gesagt, dass sie sich ein Problem züchtet, sie glaubte es nicht – so was wächst sich doch aus.

Schauen wir zehn bis zwölf Jahre später. Was ist wohl aus Klein-Kevin unter diesen Voraussetzungen geworden?

Kann er sich Ziele setzen? Weiß er, wie diese erreicht werden können? Hält er anstrengende Phasen aus ohne sofortige Bedürfnisbefriedigung? Hat er einen Traum? Weiß er, was er werden will?

Ist er bereit und fähig sich ein- und unterzuordnen?

Oder wird erst mal gechillt und nach dem Lustprinzip gearbeitet?

Was nun, wenn Klein-Kevin in eine Maßnahme kommt? Was nebenbei gesagt sehr wahrscheinlich ist. Welche Möglichkeiten haben die Maßnahme und ihre Mitarbeiter, auf sein (lang) erlerntes Verhalten positiv einzuwirken?

Die einzige Möglichkeit die bleibt ist **Kontakt und Beziehung**. Für ihn da sein! Konsequent und verlässlich.

Häufig wird Kontakt und Beziehung mit Nett-sein und Verständnis mit Nachgiebigkeit verwechselt.

Nun ein Geheimtipp: **Sie müssen nicht nett sein**!

Oder wie auf einem Button eines Sozialarbeiterkollegen zu lesen:

"Ich bin nicht dein Kumpel! - Ich bin dein Sozialarbeiter".

Ihre Teilnehmer müssen Sie nicht mögen, damit Sie gut mit Ihnen arbeiten können. Das ist ein nettes Dazu. Manchmal vorteilhaft, manchmal hinderlich. Das kann jeder für sich ausmachen.

Für Präsenz, Da-sein, Verlässlichkeit, Zuverlässigkeit gibt es allerdings keinen Ersatz. Und zwar von Seiten der Mitarbeiter der Maßnahme. Diese Eigenschaften von den Teilnehmern zu verlangen ist gut und notwendig. Zu glauben, dass sie diese von Anfang an besitzen oder umsetzen könnten, ist mehr als sträflich.

Bedingungslos präsent und verlässlich sein. Dies vorzuleben und durchzusetzen ist genau die Herausforderung, der Sie sich von Beginn an stellen müssen, wenn Sie erfolgreich sein wollen.

Das Problem

Es gibt Mitarbeiter, die den Teilnehmern sagen, was sie von ihnen wünschen und was sie erwarten. Sie behandeln Teilnehmer wie Auszubildende in einer Lehrwerkstatt. Allerdings ist die Klientel in einer Lehrwerkstatt eine andere als die einer Maßnahme. Die Kollegen geben Arbeitsaufträge, zeigen, wie es geht (vormachen, erklären, nachmachen lassen, üben), ziehen sich in den Meisterbereich zurück (meist ein Glaskasten) und gehen davon aus, dass die jungen Menschen genau das machen, was von ihnen verlangt wurde. Bei auftretenden Problemen und Fragen erwarten sie, dass die Teilnehmer auf korrekte Weise auf sie zukommen. Diese Mitarbeiter gehen davon aus, dass sich die fast schon erwachsenen Jugendlichen an die ausgesprochenen Wünsche und Erwartungen (von selbst) halten.

Da die Teilnehmer ein solches Zusammenwirken nicht kennen, nehmen sie dieses Verhalten als Gleichgültigkeit oder laissez-faire des Mitarbeiters wahr - und nutzen diese Lücke.

Die Kollegen wiederum, die erstaunt sehen, dass dieses Vorgehen nicht funktioniert, fangen an auf Regeleinhaltung zu bestehen und ändern Ihren Ton gegenüber den Teilnehmern. Ferner beklagen sie, dass alles aus dem Ruder laufe, ihnen die Teilnehmer auf der Nase herum tanzten, die Arbeit anstrengend sei und ihnen alles auf die Nerven gehe.

Das allerdings was die Mitarbeitern erwarten (oder voraussetzen) ist das eigentliche Ziel einer Maßnahme und nicht seine Vorbedingung. Diese Grundhaltung kann nicht funktionieren und ist für beide Seiten frustrierend.

Die Lösung

Die Lösung ist einfach und anstrengend: **Da sein, präsent sein - von Beginn an.**

Sie kümmern sich in der Werkstatt oder im Schulungsort um die Gruppe (erklären, machen vor, geben Arbeitsaufträge) und gehen im Anschluss daran von Teilnehmer zu Teilnehmer (helfen, erklären, zeigen, schauen).

Wenn alle Ihre Teilnehmer etwas tun oder zu tun haben, gehen Sie – wieder zum ersten Teilnehmer und fangen die Runde erneut an. Runde für Runde. Sie beantworten Fragen, zeigen Interesse, verbessern, helfen etc. Immer wieder.

Nach einigen Tagen können Sie Ihre Omnipräsenz schritt- und zeitweise zurück fahren und überprüfen wie gut (und nicht ob) Ihr Vorgehen funktioniert.

Einige Ihrer Kollegen werden der festen Überzeugung sein, dass ein solches Vorgehen völlig unmöglich oder zu aufwändig sei. Diesen Punkt werden sie vehement vertreten.

Mitarbeiter, die sich kontinuierlich an dieser Art der Zusammenarbeit halten, werden schnell fest stellen, dass sie immer weniger Aufwand mit den Teilnehmern haben. Diesen positiven Effekt erkennen Sie vor allem, wenn neue Teilnehmer im Laufe des Lehrgangs zur Gruppe stoßen und sich dann eine solch betreute Gruppe selbst kontrolliert und den Neuen *anlernt*.

Mitarbeiter, die aus welchen Gründen auch immer, weiter darauf bestehen, dass die Arbeit und die Teilnehmer zu ihnen zu kommen haben, werden feststellen, dass der Aufwand und damit die Frustration nicht weniger, sondern mehr werden.

Gleichwohl müssen Sie auch bei einer Gruppe, die *funktioniert* (Fachjargon *läuft*) weiterhin beständig Präsenz, Aufmerksamkeit und Interesse zeigen. Es ist mehr eine Einstellung als eine Technik.

Diesen Kontakt zu halten, kann auch informell im Rahmen von Konversation stattfinden. Es kann über Hobbys, die Familie oder sonstiges gesprochen werden - was auch immer. Hauptsache Ihnen gelingt der Kontakt.

Führen Sie von Beginn an eng, so können Sie später Freiheiten gewähren.

Gewährt man allerdings gleich zu Beginn (auf Pump) Freiheitsgrade, so lassen sich diese nur sehr schwer wieder zurück nehmen oder einschränken. Der Aufwand dafür ist erfahrungsgemäß gewaltig und in den seltensten Fällen von Erfolg gekrönt. Menschen reagieren sehr negativ auf Einschränkung ihrer Freiheiten und dahingehend empfundenen Rückschritten. Sie nehmen diese als persönlichen Angriff wahr.

Es sollte für alle die mit Menschen arbeiten eine Binsenweisheit sein:

Das, was ich tue, muss mit dem übereinstimmen, was ich von anderen verlange. Und umgekehrt.

Verlange ich Pünktlichkeit, muss ich selbst pünktlich sein. Verlange ich Einsatz, muss ich andere mitreißen können. Verlange ich Disziplin, muss ich mich an meine eigenen Regeln halten. Jeder weiß dies, aber „Kevin…lass das."

Danach zu handeln ist schwer. Mich darauf zurück zu ziehen, dass ich der Lehrer, der Anleiter, der Meister bin und deswegen gewisse Privilegien besitze, werden Sie diesen jungen Menschen zu Beginn nicht begreiflich machen können. Es wird von diesen lediglich als Ausrede oder Doppelmoral empfunden.

So, wie sich die jungen Menschen im Laufe des Lehrgangs gewisse Privilegien erkämpfen, wenn sie zuverlässig arbeiten, so muss sich auch der Anleiter seine Privilegien erarbeiten. Die jungen Menschen haben schlussendlich nichts dagegen, dass der Anleiter Privilegien hat, die sie nicht haben – es muss allerdings in ihren Augen als gerecht empfunden werden.

Ein Vorgesetzter muss mehr machen. Er muss sich für seine Gruppe einsetzen, um sich deren Respekt zu verdienen.

Haben Sie sich nach einiger Zeit und Kämpfen das Vertrauen und den Respekt der jungen Menschen verdient, respektieren diese auch die Sonderstellung des Mitarbeiters. Per se darauf zu bestehen, wird nicht akzeptiert.

Der Mitarbeiter muss zu Beginn erheblich mehr arbeiten als seine Teilnehmer. Macht er es richtig, amortisiert sich dieses Verhalten rasch. Danach muss er weniger (mit weniger Stress) arbeiten als Kollegen, die nicht danach handeln.

Halte das, was du versprichst!
Versprich nur das, was du halten kannst!

Bevor sie in Maßnahmen kamen, haben einige junge Menschen konsequentes Verhalten durch Erziehungsberechtigte, Pädagogen oder sonstige für sie Verantwortliche nur selten kennen gelernt. Sie laufen gegen Einschränkungen Sturm, leisten passiven Widerstand und testen aus, ob die Mitarbeiter wirklich so zuverlässig und konsequent sind, wie sie behaupten.

Ein Teil Ihrer Vorbildfunktion ist es nun, dass Sie niemals leere Versprechungen machen, nur um beispielsweise ihre Ruhe zu haben, den jungen Menschen ruhig zu stellen oder sogar einzuschüchtern. Wenn Sie etwas versprechen oder eine Konsequenz androhen, müssen Sie sich unbedingt daran halten. Wenn Sie dem Teilnehmer zusichern etwas für ihn zu besorgen oder etwas für ihn zu veranlassen, muss er es auch im versprochenen Zeitraum erhalten. Wenn Sie ihm versprechen, später Zeit für ihn zu haben, so ist dies ein Bringschuld, die Sie leisten müssen. Ob und wie Sie sich an Ihr Wort halten, wird für den jungen Mensch ausschlaggebend sein, wie er Sie sieht. Und damit auch die Gruppe.

Diese Regel gilt im Guten, wie im Schlechten. Drohe ich bei einem bestimmten Verhalten eine Konsequenz an, so kann ich meine eigenen Aussagen nicht durch Nichteinhaltung aufweichen. Drohe ich an, einen Teilnehmer bei einem bestimmten Verhalten rauszuschmeißen, dann muss ich konsequent meinen Worten Taten folgen lassen. Halte ich dies nicht ein, verliere ich nicht nur den Respekt des einen Teilnehmers, sondern auch der ganzen Gruppe.
Wenn Sie also Konsequenzen androhen, sollten Sie auch die Befugnis haben diese durchzusetzen. Kündigen Sie beispielsweise für einen Teilnehmer die Beendigung der Maßnahme an, Ihr Arbeitgeber oder der Kostenträger sehen das anders, verliere ich zweimal. Weder kann ich mich bei meinem Arbeitgeber durchsetzen, noch bei den Teilnehmern.
Wiederholte Drohungen, ohne dass etwas passiert, machen Sie unglaubwürdig und schlussendlich hilflos, da auch die Unterstützung Ihrer Vorgesetzten und Kollegen irgendwann wegfällt und die Teilnehmer die Grenzen immer weiter ausloten.
Versprechen Sie also nur das, was Sie halten können. Und in anderen Worten:
Überlegen Sie genau, was Sie versprechen.

Fortschritte sichtbar machen

Zu Beginn einiger Maßnahme wollen Träger und Kostenträger wissen, auf welchem Stand die neuen Teilnehmer in punkto schulischem Wissen, Fähigkeiten, Motivation usw. sind. Um dies heraus zu finden, werden eine Vielzahl von Testungen durchgeführt. Mehrere Tage hintereinander.

Nun gehört ausschließliches Sitzen an Pulten und das Absolvieren schriftlicher Tests nicht zu den Sachen, die in diese jungen Menschen, positive Erinnerungen oder Emotionen wecken. Die Arbeitsbereitschaft der jungen Menschen ist dementsprechend ausbaufähig.

Als sehr gute Möglichkeit nachhaltig die Motivation in dieser Anfangsphase zu heben und Kontakt zu den Jugendlichen aufzubauen besteht darin, dass Sie alle Tests (es sind beispielsweise in einer BvB etwa 30-40) mit ihrer Bezeichnung auf Einzelblättern an die Wand heften oder an den Rand der Tafel schreiben.
Die Jugendlichen sind entsetzt. Diktat, Deutsch I, Deutsch II, Mathe I, etc.
Sie beginnen mit der Nemesis eines jeden Schülers: dem Diktat.
Fertig.
Sie gehen an die Wand und x-en mit zwei breiten dicken Strichen das Wort 'Diktat' aus.
So fahren Sie fort. Zu Beginn sollten Sie die Arbeitsblätter bearbeiten, die am stärksten an schulische Tests erinnern. Und jedes Mal x-en Sie den entsprechenden Test aus. Am Ende des ersten Tages können Sie Ihrer Gruppe mitteilen, dass sie das Schlimmste überstanden hätten, der Rest sei viel spaßiger (Vorsicht Suggestion!). Spätestens ab diesem zweiten Tag wird die Gruppe das aus-x-en einklagen.
„Herr…wie heißen Sie gleich…Sie haben vergessen das X zu machen."
Pro Tag weniger Tests und mehr X`e. Alle Beteiligte empfinden eine gewisse Genugtuung diese Fortschritte sichtbar zu machen.

Sie können diese Zusammenarbeit sogar noch vertiefen.
In den nächsten Tagen, wenn die Teilnehmer das Schema der Tests verstanden haben, erläutern Sie kurz, was die übrig gebliebenen Tests bedeuten und lassen die Gruppe entscheiden, welchen Test sie in welcher Reihenfolge absolvieren will. Gemacht werden müssen alle – aber, wie oben schon erwähnt – eine Wahl ist besser als keine Wahl.

Dieses Veranschaulichen von Fortschritten im Lehrgang kann sich auch auf den Unterricht (Curriculum) und auf Werkbereiche erstrecken.
In den Werkbereichen wird mit einfachen handwerklichen Übungen angefangen und die Teilnehmer arbeiten sich voran zu immer komplizierteren Werkstücken. Die Gesamtzahl der möglichen Übungen und Werkstücke ist allerdings aufgrund der Dauer der Maßnahme überschaubar. Warum nicht eine Art Produktionslinie in Schaukästen oder an der Wand anbringen, um den Teilnehmer (und Besuchern) zu veranschaulichen *'damit fangen wir an'*, *'dann machen wir das'* und *'am Ende könnt ihr dies oder jenes fertigen'*.
So kann der verantwortliche Mitarbeiter individuell sehen, wo der junge Mensch gerade steht (welches Werkstück er bearbeitet) und braucht nach Unterbrechungen (z.B. wegen eines Praktikums oder einer Erkrankung) nur zu fragen, woran der junge Mensch zuletzt gearbeitet hat.
Am Ende dieser Produktionslinie (späterer Zeitpunkt im Lehrgang) kann sich diese aufspalten. Es gibt mehrere Möglichkeiten (je nach individuellen Fähigkeiten und Vorlieben), welches Werkstück folgen kann. Hier könnte der jungen Menschen ggf. entscheiden, was er gerne fertigen möchte.
Eine solche Produktionslinie macht es vielleicht sogar möglich den Ehrgeiz im jungen Menschen zu wecken, so dass er die Entscheidung trifft "*das will ich auch bauen*". Um dieses Ziel zu erreichen, muss er zuvor noch andere Schritt erlernen. In

diesem Falle hat er ein sichtbares und greifbares Ziel vor Augen.

Eine Lehrerin einer Berufsschule in einem Berufsvorbereitungsjahr (BVJ) suchte zur Veranschaulichung eines jeden Punktes des Lehrplans ein entsprechendes Bild oder Symbol. Jedes Thema wurde so veranschaulicht auf ein DIN A 4 Blatt gedruckt, laminiert und an der Wand befestigt. Wurde nun im Laufe des Schuljahres ein Punkt 'abgehandelt' konnte dieses Blatt ausge-xt und auf der gegenüber liegenden Wand angebracht werden.

Die Schüler hatten klar vor Augen, was sie schon geschafft und was sie noch vor sich hatten. Die Lehrkraft konnte ihrerseits mit einem einfachen Blick oder einer Geste zu dem entsprechenden Symbol einen Bezug zu einem schon abgehandelten Thema aufzeigen (oder einfach daran erinnern, dass es schon einmal behandelt wurde).

Auch hier wurde das aus-xen von den Schülern eingeklagt.

Anekdoten und Geschichten

Jungen Menschen zu sagen, was sie zu tun haben, ist eine ziemlich anstrengende Sache. Vor allem, wenn sie nicht um Rat gefragt haben.

Um sie dennoch in eine bestimmte Richtung zu bewegen, haben Sie verschiedene Möglichkeiten: Sie können Handlungsspielräume gewähren, Alternativen offerieren, Vorschläge machen (anstatt Anweisungen geben), Scheinalternativen anbieten oder den Eindruck vermitteln, dass sie alleine auf eine Lösung gekommen sind.

Handlungsspielräume und Alternativen sind schnell erklärt. Den jungen Menschen kann beispielsweise bei der Ausgestaltung eines Werkstückes freie Hand gelassen werden, oder er kann aus einer Reihe möglicher anzufertigender Werkstücke für sich das passende aussuchen.

Scheinalternativen lassen sich am besten an einem Beispiel mit kleinen Kindern verdeutlichen: „Willst du dir die Zähne putzen, bevor du deinen Schlafanzug anziehst, oder erst danach?" Das Kind hat die Wahl, wann es die Zähne putzt – nicht **ob** es die Zähne putzt.

Bringt nun ein erboster Werkstattleiter einen *verstockten* jungen Menschen zu Ihnen, so können Sie einfach fragen: „Willst du mit mir und Herrn Müller über die Sache sprechen, oder sollen wir erst einmal alleine sprechen?" Auf eine solche Frage zu antworten, dass man gar nicht sprechen will, kommt eigentlich niemand.

Jemanden den Eindruck vermitteln, dass eine Entscheidung auf seiner (eigenen) Idee beruht ist schon herausfordernder. Der Glaube jemanden zu etwas bringen zu können, was er gar nicht will, ist wohl ein alter Menschheitstraum. Allerdings mit wenig Aussicht auf Erfolg.
Das Einzige, was Sie realistisch betrachtet im Rahmen einer Maßnahme tun können, ist Vorschläge zu machen.
Ob der andere diesen Vorschlag annimmt, steht wieder auf einem anderen Blatt – seinem Blatt.
Sie können dabei allerdings indirekt vorgehen. Indirekt in diesem Zusammenhang heißt, dass der andere gar nicht bemerkt, dass ein Vorschlag zu einer Verhaltensänderung gemacht wurde. Ein solcher Vorschlag kann aber auch nicht abgelehnt werden, da er ja nicht gemacht wurde.
Eine hervorragende Methode nun indirekt Vorschläge zu machen ist der Einsatz von Geschichten.

Beim Geschichtenerzählen geht es allerdings nicht darum, was Sie mit einer Geschichte bezwecken oder aussagen wollen. Entscheidend ist, wie sie von Zuhörer verstanden wird. Und dies können Sie nur an der Reaktion erkennen.

Es gibt zwei Arten von Geschichten. Die klassischen Weisheitsgeschichten und „wahre" Geschichten[2].

So können Sie beispielsweise, wenn sich ein junger Mensch mal wieder durch das Tun eines anderen beleidigt fühlt, folgende Überlieferung (Weisheitsgeschichte) aus dem alten Japan erzählen,.

Ein älterer Schwertmeister im alten Japan, der Gründer einer berühmten Kampfschule, wird von einem jungen Samurai zum Kampf herausgefordert. Es ist bekannt, dass der junge Samurai alle bisherigen Kämpfe gegen andere Meister gewann und jeden tötete. Die Kunst des jungen Samurai lag darin, in der Angriffsbewegung des anderen die Schwachstelle zu erkennen, um diese dann für seinen tödlichen Hieb zu nutzen.

Dem alten Meister ist dies wohl bewusst. Der alte und der junge Samurai treffen sich zum Duell in der Übungshalle des alten Schwermeisters. Alle Schüler schauen gespannt zu.

Der junge Samurai beginnt den alten Meister zu verhöhnen und zu reizen. Doch der steht in ruhiger und aufmerksamer Kampfeshaltung da. Der junge Samurai beschimpft ihn, er schreit ihn an, bespuckt ihn. Der alte Meister steht einfach da.

Schließlich sieht der junge Samurai ein, dass er besiegt wurde. Er zieht geschlagen ab. Er konnte seine Kunst nicht einsetzen. Die Schüler stürmen auf den alten Meister zu. „Wie konntet ihr diese Beleidigungen ertragen…wie auf euch sitzen lassen…? Warum habt ihr nicht angegriffen?" und ähnliches. Der Meisterschüler ist am aufgebrachtesten und schreit den Meister beinahe an.

Der alte Meister sieht ihn an und fragt nach einer Pause: „Wenn dir jemand ein Geschenk gibt, und du nimmst es nicht an… wem gehört es dann?"

---

[2] Nebenbei, alle Beispiele in diesem Buch sind wahre Geschichten und genau so wie geschildert passiert.

Eine schöne Geschichte. In gleicher Version gibt es sie auch mit einem Rabbi, seinem Schüler und einem irischen Trinker, doch das nur nebenbei.

Ob Sie nun Weisheitsgeschichten oder wahre Geschichten erzählen hängt davon ab, wem Sie sie erzählen. Grob vereinfacht kann man sagen, je jünger ein Teilnehmer ist, desto weniger stellt er einen Bezug zwischen Weisheitsgeschichte und sich her. Weisheitsgeschichten brauchen einen gewissen Reifegrad beim Zuhörer. Frei nach Jeffrey Zeig „Phantastische Intervention, leider der falsche Patient!"

Erfolgreicher bei der jüngeren oder einfach strukturierter Klientel sind die „wahre" Geschichten.

Ein Beispiel einer solchen Geschichte mag das Vorgehen verdeutlichen:
In der Berufsvorbereitung ist es wichtig, dass der junge Mensch eine Berufswahl trifft und dieser Beruf zu ihm passt. Von seinen Interessen und sein Fähigkeiten her. Viele Teilnehmer können die Frage nach dem richtigen Beruf allerdings nicht beantworten. Sie haben sich entweder zuvor nie wirklich mit dieser Thematik beschäftigt, sind nicht wirklich motiviert, oder stehen unter einem derartigen Druck (irgend-)eine Ausbildung zu machen, dass bei jedem „Was willst Du?" die Antwort lediglich lautet „Eine Ausbildungsstelle". Die Frage, wie diese genau aussehen solle, können sie allerdings nicht spezifizieren: „Mir egal, ich mache alles. Hauptsache Ausbildungsstelle."
In manchen Fällen äußern junge Menschen, welchen Beruf ein wohlmeinender Mensch (meist ein Familienangehöriger oder Freunde) ihnen anraten. "Mein Papa hat gesagt, ich soll zu Fa. XY gehen, die bilden gut aus."

Sie haben nun drei grundlegende Möglichkeiten.

Erstens, mit den jungen Menschen auszudiskutieren, wie wichtig es ist, die richtige Berufswahl zu treffen, ob es ihm ernst sei etc. Sie können also versuchen das Ganze über den Weg der Einsicht anzugehen.

Als Zweites können Sie versuchen zu polarisieren. „Ah, wunderbar, ich hätte da noch eine Ausbildungsstelle als Bäcker oder bei der städtischen Müllabfuhr."

Aha, also doch nicht alles. Bäcker will keiner werden, der die Arbeitsbedingungen kennt oder erklärt bekommt und Müllabfuhr oder Kanalisation eher auch nicht.

Bleibt die dritte Möglichkeit:

Sie äußern sich allgemein in der Gruppe darüber, wie wichtig eine ordentliche Berufswahlentscheidung ist und dass es so manche falsche Gründe gibt, warum sich der ein oder andere für diesen oder jenen Beruf entscheide. Der eine ergreife beispielsweise wegen eines Freundes einen bestimmten Beruf, weil der gesagt habe der Beruf sei cool oder ähnliches. [Bisher hier wenig Interesse beim Auditorium] Sie fahren fort: „Wir hatten sogar mal einen Teilnehmer, der mir auf die Frage welchen Beruf er ergreifen wolle, 'Dachdecker' antwortete. Wieso er sich für den Beruf des Dachdeckers entschieden habe, fragte ich? 'Oh Herr C., ganz einfach. Im ersten Ausbildungsjahr bekommt man X €, im zweiten Y € und im dritten sage und schreibe Z €., das ist mit am meisten von allen Ausbildungsberufen'.

Ich fragte, ob es noch irgendwelche anderen Gründe geben, sich für diesen Beruf zu entscheiden? Der Teilnehmer nickte und flüsterte beinahe

'...Herr C.,... da kann man super schwarz arbeiten!?'

Nun denn, dieser Mann durfte daraufhin ein Praktikum in diesem seinem Wunschberuf machen. [...] Habe ich erwähnt, dass es Oktober war? [...] Es war kalt, ...es war nass... Was glaubt ihr, wie lange er im Praktikum blieb? ...Richtig, nach einer Woche war ihm klar, dass er lieber in einer warmen Werkstatt Schreiner lernen wollte."

Hier wird von den jungen Menschen sehr schnell verstanden, um was es geht. Die Geschichte steht für sich, hat die gleichen positiven Folgen wie ein eindringliches Gespräch über Sinn und Zweck einer richtigen Berufswahlentscheidung. Die Nebenwirkungen (ein genervter junger Mensch) sind ebenfalls geringer.

Und es geht noch kürzer:

Um die Bereitschaft zu fördern sich vor einer Bewerbung und einem Vorstellungsgespräch über die entsprechende Firma ausführlich zu informieren, gibt es die Geschichte über das Vorstellungsgespräch eines jungen Teilnehmers bei einer weltweit agierenden Firma, dessen erste an ihn gerichtete Frage lautete: „Wie heißen wir und was stellen wir her?"
"...?"
Das damalige Vorstellungsgespräch war sehr kurz.

Mit solchen echten Geschichten, die eher Beispiele sind, erreichen Sie sehr elegant die jungen Menschen, ohne belehrend zu wirken. Die jeweilige Geschichte kann lehrreich sein oder nur als witzige Anekdote aufgefasst werden. Die Teilnehmer haben bei der ersten Geschichte meist gelacht und waren bei der zweiten verblüfft oder entrüstet (wegen der fiesen Firma). Bei beiden Geschichten entwickelte sich im Anschluss konstruktive Gespräche, wie das Gehörte nutzbringend verwendet werden konnte.

Jeder, der in diesem Bereich arbeitet, wird nach einiger Zeit aus einem Fundus selbst erlebter und erzählter Geschichten schöpfen können.

Setting

Stellen Sie sich einen etwa 18-jährigen typischen Teilnehmer vor, der wegen eines (vermeintlichen) Fehlverhaltens von Werkstattleiter oder sonstigen Mitarbeiter zu Ihnen geschickt oder sogar gebracht wird. Sein Gefühlsspektrum reicht von verärgert, bis zu stinksauer. Er fühlt sich möglicherweise ungerecht behandelt und sieht das Ganze als absolut unnütz an. Gängige Aussprüche in diesem Zusammenhang sind beispielsweise „Dummschwallerei" oder „Psychokacke". Und jetzt versuchen Sie mit viel Verständnis und voller Empathie mit dem jungen Menschen zu sprechen. Sie wenden sich ihm zu, er hat Ihre volle Aufmerksamkeit, Sie fragen nach seinen Gefühlen und paraphrasieren die emotionalen Anteile seiner Aussagen.

Eine solche Kommunikation hat in der Beratung eine lange und gute Tradition. Die Grundlage in der Beratung ist allerdings die, dass die Kunden meist ein starkes Mitteilungsbedürfnis haben und sprechen möchten.
Ein gutes Instrument - nur nicht in unserem Setting.

Die herausfordernden Kunden einer Maßnahme empfinden eine solche Kommunikation in diesen Fällen allerdings nicht als hilfreich.

Allein schon eine einfache Aufforderung, sich auch nur hinzusetzen, wird oftmals schon als nicht passend empfunden.

Wie können Sie elegant und indirekt Druck aus der Sache nehmen?
Wie wird dieser junge Mensch reagieren, wenn Sie, statt sich sofort um ihn zu kümmern (Fachjargon: ihn sich zur Brust zu nehmen, zu föhnen, zu falten etc.), oder ihm voller Empathie zuhören, scheinbar etwas Wichtiges ausfüllen, am PC sitzen oder ähnliches tun? Wenn Sie keinen oder wenig Blickkontakt aufnehmen und nur nebenbei so etwas sagen wie, dass Sie

gleich Zeit hätten, Sie bitten um einen Augenblick Geduld, er solle doch einfach schon mal Platz nehmen. Vielleicht sogar auf einem Stuhl nicht Ihnen gegenüber, sondern fast neben Ihnen, so dass der junge Mensch Ihnen zuschauen kann? Warum sollte er dann keinen Platz nehmen? Und während Sie sich scheinbar weiter auf Ihre "wichtigere" Arbeit konzentrieren, was tut der junge Mensch, wenn Sie ganz nebenbei Fragen stellen? Beispielsweise, um was es überhaupt gehe? Was denn los sei? Aha! Wie er darauf reagiert habe? etc. Gegen was soll der junge Mensch da aufbegehren, sich sperren? (Fachjargon: bocken)

Erfahrungsgemäß entwickelt sich durch ein solches Vorgehen eine Kommunikation, aus der die bisherige Dramatik verschwunden ist und die dann nach und nach vertieft werden kann. Der junge Mensch bemerkt nicht, wann der Smalltalk in das eigentliche Gespräch übergeht. Dieses Vorgehen ist daher sehr viel produktiver als typische vom Teilnehmer erwartete oder ihm bekannt Gespräche.

Ein möglicher Joker den Sie immer verwenden können, ist Ihre Mitteilung, dass der junge Mensch nichts erzählen muss. Kommunikatoren, sind keine Ermittler, keine Erziehungsberechtigten, keine Therapeuten. Sie machen lediglich Angebote. Es ist die Entscheidung des Teilnehmers, ob er diese Angebote annimmt oder nicht.
Wenn Sie allerdings keinen Druck aufbauen, gibt es auch keinen Grund für Gegendruck.

Der Feind meines Feindes...

...ist laut einem arabischen Sprichwort mein Freund.

Viele Teilnehmer eines Lehrgangs empfinden sich in der Maßnahme fremdbestimmt und bevormundet. Wenn Sie als Kommunikator vom Teilnehmer lediglich als Rädchen dieses

Systems wahrgenommen werden und nicht als Unterstützung oder ein Gewinn, so verhindert dies eine erfolgreiche Zusammenarbeit.

Eine junge Teilnehmerin wird von ihrem Bildungsbegleiter (verantwortlicher Mitarbeiter) zum Sozialen Dienst geschleppt. Beide sind augenscheinlich aufgebracht und um es gelinde zu sagen voller negativer Emotionen. Die Teilnehmerin muss dabei (schweigend) zuhören, wie der Bildungsbegleiter neben ihr aufgebracht alles vorbringt, was die Teilnehmerin vermeintlich falsch macht und gemacht hat. Es sind weniger sachliche Informationen, als Tirade und subjektive Charakterisierung der Teilnehmerin. Diese darf sich nicht verteidigen oder äußern. Nachdem der Bildungsbegleiter 'fertig hat' verlässt er wortlos den Raum. Der Auftrag an den Kommunikator: Einmal Brainwash bitte, die Teilnehmerin zur Einsicht bringen. Kurz, aus der Teilnehmerin einfach einen anderen Menschen machen.

Wie können Sie nun eine solche Ausgangssituation sehr schnell konstruktiv nutzen?

„[PAUSE]…An Ihrer Stelle,…wäre ich jetzt richtig sauer."

Die Teilnehmerin schaut überrascht, lächelt, Eis gebrochen. Ohne sich auf ihre Seite zu stellen, hat sie den Eindruck, dass sie verstanden wird. Das Gespräch hat nun die Chance rasch in positive Bahnen gelenkt zu werden.

Alternativ könne Sie fragen:

„Eigentlich habe ich keine Lust so ein Gespräch zu führen […], ich würde viel lieber über…/ hast du eine Idee, über was wir sprechen könnten?"

Andererseits könnten Sie natürlich versuchen den, Auftrag des Bildungsbegleiters umzusetzen. Doch wie groß wäre dabei die Aussicht auf Erfolg?

Wenn Sie dagegen der Meinung sind, dass der Bildungsbegleiter falsch handelt oder inhaltlich überzogene Forderungen an den jungen Menschen hat, sollten Sie das ansprechen? Umgehend? In Anwesenheit des Teilnehmers?
Und selbst, wenn Sie den Bildungsbegleiter mir Ihrer Meinung konfrontieren oder ihn zügeln. Wie wäre in der Folge das Verhältnis zwischen Teilnehmer und Bildungsbegleiter?

Sie müssen weder der Meinung des Teilnehmers, noch des Mitarbeiters (oder in anderen Fällen der Eltern) sein. Sie sollten auch nicht gegen den Mitarbeiter oder gegen den Teilnehmer Partei ergreifen– es sollte Ihnen einfach darum gehen produktiv zu arbeiten und konstruktiv zu kommunizieren.
Sollte es um einen grundlegenden Konflikt zwischen Bildungsbegleiter und Teilnehmer gehen, so ist dies ein anderer (und neuer) Auftrag.

Tacheles

Viele Menschen, die sich beruflich mit Kommunikation beschäftigen, haben genaue Vorstellungen, wie richtig und nach vorgeschriebenen Regeln kommuniziert werden sollte. Sowohl mit Kollegen, als auch mit Teilnehmern.
Hört man nun derart ausgebildete Kommunikatoren mit ihrer Kundschaft aus einer Maßnahme sprechen, klingt dies (wohlwollend ausgedrückt) meist nicht sehr glaubwürdig (Fachjargon: nicht authentisch, nicht kongruent) sondern eher gekünstelt. Und ich kann Ihnen versichern, dass herausfordernde Teilnehmer dies ähnlich sehen.
Doch nicht nur, dass der Kommunikator auf diesen Sprachstil zurückgreift, auch die Teilnehmer sollen diesen Sprachstil erlernen und nutzen um „richtig" zu kommunizieren.
So sollen sie Sätze benutzen wie...

„Ich verstehe das jetzt so..." „Habe ich das richtig verstanden, dass...?" „Ich habe jetzt das Gefühl, dass ..."

Im Rahmen von Beratung, Therapie und Selbsterfahrung mag dies sinnvoll und effektiv sein. Im Rahmen einer Maßnahme mit herausfordernder Klientel, die nicht unbedingt ein solches Gespräch führen möchte, ist dies nicht der Fall.

Es macht einen Unterschied, ob Sie in einem geleiteten Krisengespräch mit mehreren Beteiligten zu Ihrem Teilnehmer sagen: „Formulier das bitte als Ich-Satz!", „Fasse doch bitte das, was Hakan sagte mal mit deinen eigenen Worten zusammen",
oder ob Sie direkt auffordern: „Sprich von dir!" bzw. „Wie stehst du dazu?".

Die Geschwindigkeit dieses direkten Vorgehens wird von den jungen Menschen eher als passend empfunden, als ein Gespräch mit aufgesetzten Regeln.

Ein Teilnehmer fasste die Kommunikation nach Regeln folgendermaßen zusammen: "Wenn ich so rede muss, sage ich nicht mehr das, was ich eigentlich sagen will."

Herausfordernde Teilnehmer bevorzugen klare Ansagen:

Der verantwortliche Mitarbeiter eines 18-jährigen Teilnehmers wandte sich an den Kommunikator des Sozialen Dienstes, da die Eltern des jungen Mannes um Hilfe ersuchten. Der junge Mann mache was er wolle, bedrohe die Eltern (beides Akademiker, er ohne Schulabschluss), werfe schon mal zu Hause den Teller mit dem „Dreckfraß", wie er das gekochte Essen bezeichnete, an die Wand und unterbrach schon mal den elterlichen ehelichen Verkehr, durch Klopfen an die Wand, da ihn "das" störe. Die Eltern waren verzweifelt und am Ende. Die Begründung des jungen Mannes war, dass seine Eltern ihn gefälligst ordentlich zu versorgen hätten (warum also in der Maßnahme etwas machen – er habe ja alles von seinen

Eltern zu bekommen), denn wenn sie dann alt wären, würde er ja für sie sorgen.

In dem gemeinsamen Gespräch mit Eltern, Teilnehmer, verantwortlichem Mitarbeiter und Sozialen Dienst, wurde behutsam versucht, die Sicht des jungen Mannes in Zweifel zu ziehen und die Eltern zu stärken. Man wollte ja wieder miteinander ins Gespräch kommen. Der junge Mann zeigte von Beginn an deutlich, was er von dem Gespräch hielt. Seine Eltern waren ihm fast hilflos ausgeliefert. Im Laufe des Gesprächs versuchte er seine Dominanzbestrebungen auch auf den Kommunikator auszuweiten. „Herr C. jetzt hören Sie mal auf mit dieser Psychokacke und machen Sie mal `ne klare Ansage wie`n Mann."

„Okay, reden wir Tacheles", Herr C. wandte sich dem Teilnehmer zu und erklärte: „Meiner Meinung nach verhalten Sie sich wie ein echtes A…loch. Wenn ich an Stelle Ihrer Eltern wäre, [Wendung hin zu den Eltern] würde ich ihn umgehend rauswerfen, sicherheitshalber alle Schlösser austauschen und jegliche Unterstützung streichen. So benimmt sich kein Sohn. Sie müssen an sich denken. Wie viele Jahre wollen Sie das noch ertragen? Wie viele Jahre können Sie das noch ertragen? Sie haben noch ein jüngeres Kind, das bisher unter ihm gelitten hat und für das Sie nicht viel Zeit hatten. Kümmern Sie sich um dieses, da können Sie noch etwas retten. Oder wollen Sie, dass es auf Kosten dieses jungen Herrn untergeht?"

Der junge Mann war geschockt „Wie können Sie vorschlagen, dass Eltern ihr eigenes Kind rauswerfen?!" Machte aber keinerlei Anstalten übergriffig zu werden oder zu gehen. Er war wirklich entsetzt.

Die Eltern dagegen sahen sehr erleichtert aus, dass ihnen jemand die Erlaubnis gab Grenzen zu ziehen und sich ohne schlechtes Gewissen, um den Kleineren kümmern zu dürfen.

Später bedankten sie sich für den Rat und dass endlich mal jemand mit dem Sohn Tacheles geredet hatte.

Joker

Ehrenwort geben lassen

Ab einem gewissen fortgeschrittenen Zeitpunkt des Lehrgangs ändert sich die Zusammenarbeit mit den Teilnehmern. Die Regeln werden etwas freier gehandhabt. Einige Teilnehmer versuchen nun dies zu ihrem kurzfristigen Vorteil zu nutzen. Mehr oder minder kreativ versuchen sie die Arbeitszeit zu verkürzen (Fachjargon: sich abseilen). Beispielsweise mit der Information zu Hause sei etwas passiert oder sie hätten einen sehr wichtigen Termin. Ob man nicht ausnahmsweise „mal" früher gehen könne. Und dieses mal wird von Mal zu Mal häufiger.

Da dieses Verhalten mit an Sicherheit grenzender Wahrscheinlichkeit eintritt, hat es sich als wertvoll erwiesen zu Beginn des Lehrgangs eine "wahre" Geschichten zu erzählen:

„Mein kleiner Sohn hatte zwei Arten von Ehrenwörtern. Sein normales (Ehren-)Wort und sein Indianerehrenwort. Je nach Situation konnte man das eine oder das andere einsetzen. Das Erste war für die normalen Fälle reserviert, das Zweite für die Fälle, die nicht angezweifelt werden sollten. War es mir im Grunde egal, wer das letzte Stück Schokolade aufaß, so genügte ein "Warst du das?"
"Nö!"
Man mochte es glauben oder nicht.

In anderen Fällen wurde schon mal nachgefragt. So durfte mein Sohn nach der Schule auf dem Nachhauseweg nur einen bestimmten Weg entlanglaufen. Nachdem er allerdings einmal stark verspätet nach Hause kam, wurde er gefragt, ob er tatsächlich seinen Weg gelaufen sei.
"Ja..."
Was nicht wirklich glaubhaft war.
"Gibst du mir dein Indianerehrenwort?"

Er wusste sehr genau, was diese Frage bedeutete.
Und was die Konsequenzen wären.
Ich würde ihm kein Ehrenwort mehr glauben.
So schwieg er beredt.

Wissen Sie, ich glaube jedem Teilnehmer alles! Bis ich feststellen muss, dass dem nicht so ist. Ab diesem Zeitpunkt glaube ich diesem Teilnehmer nichts mehr.
Teilnehmer, die immer zuverlässig sind und stets gut mitarbeiten, bekommen sogar einige Freiheiten mehr. Wenn sie sagen, dass sie früher gehen müssen, aber nicht sagen können warum, kann man auch mal ein Auge zudrücken."

Wenn Sie die Teilnehmer an diese Geschichte erinnern (oder erneut erzählen) und dann nachfragen, ob es wirklich so wichtig ist heute früher zu gehen, oder wirklich der Wahrheit entspricht, dass etwas sehr Dringliches passierte, werden die Anfragen meist zurückgezogen. Und auch wenn der Teilnehmer weiter insistiert und früher geht, hat dies seinen Vorteil. Der junge Mensch hat einen Vertrauensvorschuss erhalten und hat das Gefühl ihm wurde vertraut. Teilnehmer können ein solches Vertrauen wertschätzen und sind danach umso zuverlässiger.

Ganz nach dem Motto:

Wenn du jemanden für verlässlich hältst, wirst du ihn dazu machen

Seneca

Ich bin nicht dein Feind

Jeder hat mal einen schlechten Tag und es kann vorkommen, dass Teilnehmer einfach alles als ungerecht empfinden. Und trotz aller Versuche von Ihrer Seite, haben Sie das Gefühl, diese jungen Menschen nicht erreichen zu könne. Der

Teilnehmer scheint sich eher immer weiter in dieses Gefühl der Ungerechtigkeit hinein zu steigern.

Sie können nun weiter versuchen, ihn von was auch immer zu überzeugen oder seine Ratio anzusprechen. Was nur ein Mehr desgleichen wäre – und leider nur in seltenen Fällen zum Erfolg führen wird. Kommen Sie nun als Kommunikator zu einem solchen Wortgefecht zweier Monologisierender hinzu, kann ein recht profaner Kommunikationsjoker rasch zu einem Perspektivwechsel und einem Diskussionsende führen. Dies eröffnet die Möglichkeit wieder über das Eigentliche zu sprechen.

Wenn beispielsweise der junge Mensch argumentiert, warum die ganze Welt gegen ihn und überhaupt alles schlecht ist, richten Sie, indem Sie mit Ihrer Köperhaltung und ihrer Stimme seine ganze Aufmerksamkeit beanspruchen (das kann laut oder leise sein), folgende Aussagen an ihn:

„ HALLO!...Wir sind nicht dein Feind!...[PAUSE]"
„Wir wollen dir nichts antun…[PAUSE]!"

Um dabei die Aufmerksamkeit des jungen Menschen zu erhalten, können Sie das Gesagte nonverbal betonen, indem Sie entwaffnend Ihre offenen Handflächen zeigen: Das Ganze wirkt deeskalierend und als Separator (Unterbrecher).

Wenn Sie damit *durchdringen* und den jungen Menschen an dieses Offenkundige erinnern, wird sich die Situation erfahrungsgemäß beruhigen (im Fachjargon: der Teilnehmer kommt runter). Alle Beteiligten (auch die Kollegen) erinnern sich daran, dass es nicht um den Charakter eines Teilnehmers, sondern um einen Sachverhalt geht. Und Sachverhalte können konstruktiv angegangen und Probleme können gelöst werden.

Wenn Sie diesen Joker erfolgreich eingesetzt haben, darf es nicht darum gehen eine irgendwie geartete "Wahrheit" zu finden, also zu klären, wie es zu dieser Situation kam.

Vielmehr sollten Sie dafür sorgen lösungsorientiert und konstruktiv in die Zukunft zu schauen.

„Was willst du?", „Wie können wir das jetzt klären?" „Was kann [wer] machen?" etc.

Schauen die Beteiligten auf die Vergangenheit, besteht die Gefahr, wieder in die gleiche Diskussionsspirale zu geraten, die Sie kurz zuvor unterbrochen haben.

Zweifel wecken

Jeder der mit Adoleszenten arbeitet, kennt das leidige Thema: Junge Menschen sind sich ihrer Meinung absolut sicher - und Sie (Erwachsene) haben eh keine Ahnung.
Jungen Menschen aufzufordern liebgewonnene Überzeugungen oder erprobten Vorgehensweisen zu ändern, geschieht bei jungen Menschen selten ohne Diskussionen (Plural). Vor allem nicht, wenn damit Mehrarbeit verbunden ist.

Ein hervorragendes Beispiel um dies zu veranschaulichen, ist das Schreiben von Bewerbungen (oder in der Ausbildung von Berichtsheften). Eine grundlegende Notwendigkeit in allen Maßnahmen.

Die Jugendlichen sind sich schon vor dem Bewerbungstraining absolut sicher, dass ihre bisherigen Bewerbungen einer bestimmten Norm und Form genügten. Warum also daran noch etwas verändern? Jeglicher Hinweis auf mögliche Veränderung (oder sogar das Ansprechen von Fehlern) wird da schon einmal als persönlicher Affront aufgefasst. Die vorgeschriebene Anzahl von Bewerbungen sei geschrieben worden und Punkt aus. Jegliche Verbesserung oder Überarbeitung wird vehement abgelehnt. Die jungen Leute sind sich sicher: So werden Bewerbungen geschrieben. Zumindest sind die geschriebenen Bewerbungen ausreichend. "Wird schon reichen..."

Wenn Sie nun beginnen mit dem Teilnehmer über Sinn und Unsinn bestimmter Inhalte und Form seiner Bewerbungen zu diskutieren, werden Sie nur schwerlich das erreichen, was Sie erreichen wollen. Wer verlässt schon gerne den eigenen Standpunkt?

Zwingen Sie den Teilnehmer (was Sie können – und manchmal auch sollten): „Ich möchte, dass Sie das Ganze an diesem und jenem Punkt überarbeiten! Und zwar so .. und so..", wird meist nur den Buchstaben der Anweisung genügt - nicht aber seinem Geiste. Der junge Mensch wird das Blatt einmal lustlos überarbeiten (natürlich nur den angesprochenen Punkt), vielleicht ein zweites Mal – doch von Mal zu Mal wird es anstrengender, den Teilnehmer dazu zu bringen das Ganze zu überarbeiten.

Sie werden den jungen Menschen, wie schon erwähnt, mit Argumenten nicht überzeugen können. Was Sie allerdings tun können ist, ihn in seiner Sicherheit zu erschüttern – was ihn wiederum aufnahmebereiter für Informationen macht.

„Sind Sie sich ganz sicher, dass das [in diesem Falle die Bewerbung] richtig ist"

„Es wird reichen!", „Ja!", „Ich weiß schon, wie man das macht!", „Meine Kumpels/meine Eltern/alle sagen, dass sei eine gute Bewerbung."

Und weiter:

„Machen Sie immer nur und ausschließlich das, was Sie für richtig halten?"

Voller Stolz: „Ja, habe ich schon immer gemacht!"

Wenn Sie die folgende Frage nun stimmlich und von der Körperhaltung her so stellen, dass Sie vom jungen Menschen nicht als Hohn oder Angriff, sondern als ehrliches Interesse verstanden wird, können Sie interessante Reaktionen beobachten.

„Und (…) wie weit sind Sie damit (in Ihrem Leben) gekommen?"

Junger Mensch nachdenklich: „…nicht sehr weit…"

„Wie wäre es, Sie geben uns einfach die Chance,

> es anders zu machen/
> es so zu machen wie wir es vorschlagen/
> es mit unserem Know-how gemeinsam zu erarbeiten

und wenn wir komplett damit fertig sind,

> können Sie entscheiden, ob Ihnen die neu Version (besser) gefällt/
> die neue Version nicht doch besser ist/
> unser Weg nicht doch gewisse Vorteile hat?!"

Nur selten wird sich der junge Mensch nach dieser Vorbereitung dieser Chance verschließen wollen. Vielleicht hatte er zuvor Angst, dass jemand sagen könnte, seine Bewerbung sei schlecht und schließe daraus, dass er als Mensch unfähig oder ähnliches sei. Durch diese Frage wird daraus ein gemeinsames Erarbeiten. Die Vergangenheit zählt nicht.

Wertejudo

Jeder Mensch hat Werte und Überzeugungen als Entscheidungsgrundlage für ein bestimmtes Verhalten (oder Nicht-Verhalten). So kann beispielsweise ein junger Mensch die Mitarbeit in einer Maßnahme verweigern, weil er es als ungerecht empfindet für einen solch geringen Betrag arbeiten zu müssen. Er hat vielleicht die Überzeugung "vom Staat ausgenutzt" zu werden, und dagegen begehrt er auf.

In einem Fall, verweigerte ein Teilnehmer den internen Schulunterricht einer Maßnahme, da er keine Lust mehr auf Unterricht hatte.

Allerdings war er trotz neunjährigen Schulbesuchs funktionaler Analphabet. Das Ganze war sehr schambesetzt.
Zur selben Zeit erfuhren die Mitarbeiter, dass just dieser junge Mensch wohl Vater werden würde. Mittlerweile arbeitete er abends und nachts (schwarz), um Geld für das noch nicht geborene Kind anzusparen.
Eine mögliche Vorgehensweise, um ihn zum Unterrichtsbesuch zu motivieren, wäre nun gewesen die Zwangskeule heraus zu holen und mit Kürzungen, Rauswurf, Elterngespräch, keiner Ausbildungsstelle etc. zu drohen.
Stattdessen fragte der zuständige Kommunikator nicht anklagend, sondern voll Interesse im Verlauf des längeren Gesprächs:

„Was würdest du alles für das Würmchen tun?"
„Alles!"
„...und wenn das Würmchen später in die Schule kommt und dann zu Hause irgendetwas wissen will, oder dir voller Stolz etwas zeigen möchte. Was machst du da? Möchtest du ihm als Papa helfen? ...Und, ...kannst du ihm helfen? "

Der junge Mann schaute darauf hin sehr traurig. Für ihn zählte nur schnell Geld verdienen.
Dass ein Kind mehr braucht, hatte er komplett ausgeblendet.

In diesem Falle hätte auch das Geldverdienen als Anknüpfungspunkt genutzt werden können. **"Wer verdient mehr? Wer hat einen sichereren Arbeitsplatz? Der gelernte oder der ungelernt Arbeiter? Und was muss man dafür tun? Womit kannst du anfangen?"**

Ein Kollege einer Maßnahme mit erwachseneren Teilnehmern (zwischen zwanzig und fünfundzwanzig Jahren), stellt gerne bei Totalverweigerung die schlichte Frage:

„**Was hält eigentlich Ihre Freundin davon... [wenn Sie beide eine Kürzung erhalten] [wenn sie weiterhin nichts tun]?**"

Die meisten männlichen Teilnehmer sind in dieser Hinsicht recht konservativ. Ein Mann hat „seine" Frau zu versorgen. Eine solche Frage bringt ihn somit arg in Erklärungsnöte und in einen nutzbringenden Wertekonflikt.

Eine Kollegin einer anderen Maßnahme handelt noch direkter und packt ihre Teilnehmer "bei der Ehre", wie sie sich auszudrücken pflegt:

„**Ein Mann muss nun mal...**"

Auch wenn dies manchem als Anachronismus erscheint. Wollen Sie politisch korrekt sprechen, oder wollen Sie den jungen Menschen erreichen?

„**Sie als erwachsener Mann/ erwachsene Frau...**"

Wichtig ist, dass die Werte und Überzeugungen, die Sie nutzen, nicht mit Ihren Werten identisch sein müssen. Sie müssen die Werte des jungen Menschen nicht einmal befürworten. Als Kommunikator müssen Sie sich lediglich fragen, *welche* Werte Sie *wie* ansprechen können, damit Sie den jungen Mensch motivieren oder erreichen.

Platzhirsch

In Maßnahmen herrscht Hierarchie. Punkt.
Wie diese Hierarchie in einem Unternehmen gelebt wird, ist eine andere Sache.
Für alle Teilnehmer muss stets klar sein, wer die Regeln bestimmt. Oder, um es mit den Worten meiner vierjährigen Tochter zu sagen, wer der *Bestimmer* ist.

Dass dies in Werkstätten mit Maschinen und teilweise gefährlichen Stoffen unter Umständen überlebenswichtig ist, dürfte jedem klar sein. Aber bei Kommunikatoren? Die vermeintlich nur sprechen und schreiben?

Auf einer erlebnispädagogischen Fortbildung für angehende Mitarbeiter im Sozialen Bereich bekamen bei einer Übung die Hälfte der Teilnehmer die Augen verbunden, um von ihren Kollegen blind durch einen Parcours geführt zu werden. Bei der anschließenden Auswertung bemerkte einer der Geführten, dass dies sehr ungewohnt für ihn war, da er normalerweise anderen helfe und ihnen sage, was sie zu tun hätten.

Daraufhin regte sich einer seiner Kollegen über diese Aussage auf. Dessen Selbstverständnis war, dass ein im Sozialen Tätiger anderen nicht zu sagen habe, was sie zu tun oder zu lassen hätten. Sozialpädagogen und Klienten sollten sich gleichberechtigt auf gleicher Augenhöhe begegnen. Hierarchie, Anweisungen geben etc. waren für ihn echte Schimpfwörter.

Viele im Sozialen Bereich Tätige haben ein gespaltenes Verhältnis zu den Themen *Hierarchie, Anweisungen geben, Menschen führen* etc. - Zumindest im Bezug auf Klienten. Sie kämen selten auf die Idee, dies für sich selbst und in ihrem Verhältnis zu ihrem Arbeitgeber in Frage zu stellen. Es scheint, als würden bei ihnen *helfen* (wie auch immer sie dieses definieren) und *Hierarchie/Anweisungen/Unterordnung* einander ausschließen.

Ein Großteil der männlichen Teilnehmer sieht das anders und scheint ein solches Verhalten fast einzuklagen. Sie mögen Hierarchie - es kommt allerdings darauf an, wo sie in der Hierarchie stehen. Unterordnung von anderen ist voll okay, sich selbst unterordnen dagegen ist nicht so beliebt. Und wenn Sie, gerade auch als Kommunikator *nicht liefern*, was so viel heißt, dass Sie nicht in der Lage sind, den jungen Menschen auf seinen Platz zu verweisen, gewinnen Sie, mit Sicherheit nicht den Respekt ihrer Teilnehmer. Wie nett Sie auch immer sein mögen.

Nach kurzer Eingewöhnungszeit im Lehrgang wird gnadenlos ausgetestet, wer im Revier das Alphatier ist. Sich nicht auf dieses Spiel einzulassen und zu glauben den Respekt der Jugendlichen mit humanistischen Werten des Miteinanders zu erreichen, ist naiv und nicht zweckdienlich.

Diese Werte können später zum Zuge kommen. Wenn der junge Mensch bereit dafür ist seine Weltsicht zu erweitern. Vorher müssen Sie in seiner Sprache sprechen.
Als Mitarbeiter müssen Sie für diese Art des Vorgehens das nötige Selbstvertrauen besitzen und wirklich davon überzeugt sein, dass in Ihrem Revier Ihre Regeln gelten.

Ihr jeweiliges Vorgehen und die bestehenden Regeln vor den Teilnehmern immer wieder zu rechtfertigen, ist für alle Beteiligten kontraproduktiv. Die Teilnehmer sollen Gestaltungsmöglichkeiten haben – allerdings nur dort, wo es sinnvoll ist.

Es kann beispielsweise nötig sein, dass Sie zu einem bestimmten Zeitpunkt gezielt den Status eines Teilnehmers vor der versammelten Gruppe auf das richtige Maß zurechtstutzen (Fachjargon: föhnen, falten). Vielleicht sehr laut, vielleicht sehr leise. Jeder muss hier seinen eigenen Stil finden. Wenn Sie dies tun, ohne den jungen Menschen persönlich zu erniedrigen und sich dann die gegebenen Anweisungen von diesem ratifizieren lassen (siehe Anweisungen geben), wird dieser und vor allem die Gruppe Ihre Stellung akzeptieren.
Es mag brachial und archaisch erscheinen, ist aber in einem solchen Rahmen manchmal die einzige Möglichkeit eine Gruppe wieder auf Kurs zu bringen. Wie immer sollte Sie

dieses Werkzeug nicht überstrapazieren, da es sonst abstumpft.

Eine junge Frau übernahm den mittelständischen Betrieb des kurz zuvor verstorbenen Vaters. Obgleich sie verständnisvoll und engagiert auf ihre Mitarbeiter zuging, gelang es ihr nicht, den Respekt der ausschließlich männlichen Handwerker zu gewinnen. Anweisungen wurden verändert oder einfach nicht umgesetzt.
Sie junge Frau holte sich Hilfe bei einem spezialisierten Coach.
Eine der erfolgreichsten Maßnahmen war, dass sie nicht mehr auf die Mitarbeiter zuging, sondern diese alleine zu ihr zitiert wurden. Der Mitarbeiter musste vor ihrem Schreibtisch stehend warten, bis "die Chefin" Zeit für ihn fand (sie hatte ja gerade ein sehr wichtiges Dokument auszufüllen und konnte/wollte keinen Augenkontakt aufnehmen). Dann musste er sich erklären oder bekam Anweisungen.
Allein diese Maßnahme genügte 90% der Probleme zu beseitigen.

Hat jeder seinen Platz gefunden *nach Art der Teilnehmer*, werden diese Hierarchien und was damit zusammenhängt in aller Regel von den jungen Menschen akzeptiert und eingehalten. Es scheint sogar, als sei ihnen ein Teil des Druckes sich durchgehend als unangreifbar, cool oder als der starke Mann zu zeigen (Fachjargon: *posen*, sich zu produzieren) genommen. Diese Energie kann dann produktiv in die Arbeit investiert werden kann.
Sie sollten dieses Wissen allerdings nicht nur besitzen. Sie müssen es auch leben.

Querulanten

Als Mitarbeiter einer Maßnahme machen Sie leider immer wieder die Erfahrung, dass einzelne Teilnehmer der Gruppe ihren Status erhöhen wollen, in dem sie den Status anderer und vor allem den des verantwortlichen Mitarbeiters versuchen herabzusetzen. Sei es durch offenes in Opposition treten (in dem alles kritisiert, angezweifelt, ins Lächerliche gezogen oder kommentiert wird) oder, was viel problematischer ist, durch ein bestimmtes, nicht greifbares Verhalten, welches die Abläufe in der Gruppe stört und den Status des Mitarbeiters beschädigt. Das Herausfordernde daran ist, dass der Teilnehmer dabei so geschickt handelt, dass niemand wirklich sagen kann, dass er dieses oder jenes falsch gemacht hat. Der passender Ausdruck um dies zu beschreiben ist *Insubordination*.

Beispielsweise werden Mitteilnehmer angestachelt aktiv zu opponieren oder Blödsinn zu machen, wobei der/das 'Brain' selbst vornehm im Hintergrund bleibt. Er selbst tritt in Aktion, wenn er sich unbeobachtet fühlt und lässt herabwürdigende Kommentare gegen die Mitarbeiter/die Maßnahme fallen, zeigt abfällige Gesten und ähnliches, nur um seine Kollegen vermeintlich auf seine Seite ziehen oder damit er selbst in einem besseren Licht erscheint. Im Gegensatz zum Klassenclown, der nur selbst besser dastehen will, haben diese jungen Menschen den Anspruch informeller Chef der Gruppe zu sein und über dem Mitarbeiter zu stehen.

Auf den ersten Blick erscheint ein solches Verhalten lediglich hinderlich, da Sie keinen ordentlichen Unterricht halten können.
Viel verheerender ist allerdings, dass eine solche Situation wirkliche Kontaktaufnahme zur Gruppe verhindert und nicht das nötige Vertrauensverhältnis aufgebaut werden kann.

Unter anderem, weil die restlichen Teilnehmer nicht wissen, wem gegenüber sie loyal sein sollen.

Welche Möglichkeiten haben Sie nun?

Den Ort der Schlacht zu bestimmen ist in der *Kunst des Krieges* von Sunzi, einem Strategieklassiker aus dem alten China, eine *der* grundlegenden Strategien.

Der, der das Schlachtfeld bestimmt, hat die höheren Chancen auf den Sieg.

Nun ist Unterricht in aller Regel keine Schlacht oder Krieg – ersetzen Sie einfach *Schlacht* durch *Kampf*, dann stimmt es. Wie Sie es auch nennen, diese erprobte Strategie kann hier Anwendung finden.

Ist es ratsam Ihre Eindrücke anzusprechen? Sicher!

Vor der gesamten Gruppe? Das könnte problematisch werden. Denn sollte der junge Querulant wirklich die Gruppe hinter sich haben, sehr charismatisch sein oder wirklich so geschickt interagieren, dass Sie sein Fehlverhalten an wenig festmachen können und er so den Unschuldigen spielen kann, besteht die reelle Gefahr die Situation zu verschlimmern. [3] Der Austausch (der Kampf) fände unter diesen Umständen nicht auf dem Terrain statt, auf dem Sie das erreichen könnten, was Sie erreichen wollten. Verlören Sie beispielsweise die Contenance, verlören Sie automatisch auch den Respekt der Gruppe und damit die Gruppe als Einheit gleich mit. Ein solches Risiko wiegt nur selten den möglichen Gewinn auf.

Taktisch klüger und vor allem stressfreier: Sie unterbrechen in genau einer solchen Situation den Unterricht und *bitten* den Teilnehmer zu einem vier-Augen-Gespräch. (Wobei hier '*bitten*

---

[3] Nebenbei bemerkt, ein derartiges taktisches Vorgehen des jungen Menschen ist Zeichen einer sehr hohen emotionale Intelligenzleistung und Menschenkenntnis. Vielleicht eine Ressource für später?!

zu' etwas anderes ist als *'bitten um'*). Umgehend, unverzüglich und nicht erst nach dem Unterricht.
Die Botschaft an die Gruppe ist klar – der Mitarbeiter hat das Heft in der Hand und reagiert sofort.
Und das Gesicht des Teilnehmers bleibt ebenfalls vor der Gruppe gewahrt.

Interessanterweise gibt es Teilnehmer, die zunächst ein solches Gespräch verweigern, da sie den vermeintlichen Rückhalt der Gruppe verlieren. Hier müssen Sie einfach darauf bestehen und sollten keinen Rückzieher machen.

In nur einem Fall kam der Berg nicht zum Propheten, sondern der Prophet musste zum Berg. Der Teilnehmer verweigerte das vier-Augen-Gespräch, also wurden kurzerhand alle anderen gebeten den Raum zu verlassen - et voilà, das Gespräch konnte stattfinden.

Wo soll nun dieses Gespräch stattfinden? In Ihrem Büro? In einem anderen Büro in Anwesenheit eines anderen Mitarbeiters?
Das ist nicht empfehlenswert. Der junge Mensch weiß intuitiv, dass das nicht sein Terrain ist, und er daher in diesem Kampf schlechtere Chancen hätte. Es ist daher nicht konstruktiv auf einen solchen Ort zu bestehen. Wo nun also?
Management by going by: Vor der Tür des Unterrichtsraumes/der Werkstatt, auf dem Flur, auf dem Gang! Nur hier wird der Teilnehmer sich als gleichberechtigter Gesprächspartner verstehen und sich auf das Gespräch einlassen. Für ihn hat es so informellen Charakter. Wichtiger jedoch ist, dass Sie den Gesprächsort festgelegt haben.

In dem Gespräch können Sie den Teilnehmer mit Ihren Wahrnehmungen konfrontieren und sich erkundigen, ob und was überhaupt los sei.
Vielleicht fühlte sich der Teilnehmer vom Mitarbeiter auf die Füße getreten, wurde von seiner Freundin verlassen oder will

fehlendes Wissen vor der Gruppe überspielen - Tausend mögliche Gründe. Häufig lässt sich das Problem schnell lösen und Sie können wieder beginnen miteinander zu arbeiten.
Empfand der Teilnehmer das Gespräch als konstruktiv, gewinnen Sie gegebenenfalls sogar einen loyalen Verbündeten in der Gruppe, der Sie unterstützt.
Der junge Mensch und die Gruppe werden ein solches Vorgehen wertschätzen.

Spricht Ihnen der Teilnehmer dagegen nach dem Mund und verändert sein Verhalten in der Folge *nicht* (Fachjargon: stellt sein Verhalten nicht ab), können Sie diesen Vorgang ein- bis zweimal wiederholen. Danach hat dieses Werkzeug seine Wirksamkeit bei diesem Teilnehmer und dieser Gruppe verloren.

In diesem letzten Gespräch, wenn der Teilnehmer nicht kooperiert oder der Teilnehmer die ganze Zeit weiter leugnet überhaupt irgendetwas gemacht zu haben („Ich? Ich soll was machen...?" Fachjargon: hinterfotzig), machen Sie einfach eine klare Ansage:

„Ich möchte, dass jetzt du ab sofort...",
„Wenn wir jetzt zurück gehen, will ich, dass du..." etc.
(siehe *'Anweisungen geben'*)
(Sollte der Teilnehmer danach auch weiter nicht kooperieren: siehe *'Platzhirsch'*)

Psychohygiene

Humor
Die Arbeit in Maßnahmen und mit dieser Klientel ist auf Dauer anstrengend und belastend. Es ist wirklich nicht anzuraten sie ein Leben lang zu machen. Da Supervisionen in Maßnahmen eher nicht angeboten werden, müssen Sie selbst für ihre Psychohygiene sorgen.

Was zeichnet nun ein gesundes Team aus? Die Antwort ist recht einfach bis profan und wird nicht jedem gefallen:
Ein gutes Team lacht gemeinsam – u.a. über die Handlungen ihrer Teilnehmer. Sie können es auch als positives Lästern bezeichnen. Vielleicht gemeinsames Kopfschütteln.
Soll tatsächlich über den Teilnehmer gelacht werden?
Na zumindest über das, was er tut. Das ist gesund.
In seiner Anwesenheit? Das wäre nicht gesund. Weder für ihn noch für einen selbst.
Ist das unethisch oder unmoralisch? Vielleicht.
Aber was bringt es Ihnen, der Maßnahme und dem Teilnehmer, wenn Sie immer *richtig/moralisch/ethisch* korrekt handeln und langsam immer zynischer werden, ausbrennen oder sich sonst wie innerlich vergiften?

Ein junger Migrant mit islamischem Hintergrund antwortete in der Hauptschulabschlussprüfung 2013 auf die Frage, wer denn der deutsche Bundespräsident sei mit: Gauck. Joahmed (gesprochen: Joachmed) Gauck. Dies sorgte im Lehrerzimmer für entsprechende Belustigung (und Anerkennung – Gauck war ja richtig). Solange dies im Lehrerzimmer bleibt und für ein gutes Gefühl sorgt, dürfte ein solches Vorgehen recht und billig sein.

Eine Schülerin verteidigte ihren geplanten und aufgeflogenen Drogenankauf (über facebook) vor der dazu gerufenen Polizei damit, dass das Drogenverbot in Deutschland lediglich dafür sorge, dass die Leute (das Volk) nicht 'die Wahrheit' sähen, wie es in diesem Staat tatsächlich abgehe und was wirklich in Deutschland passiere. Nehme man Drogen, erkenne man diese Wahrheit. Nämlich dass die Regierung alle 'verarsche'. Auf die Frage des Beamten, wo sie das denn gehört habe, antwortete sie, dass das ihre Religion sage.
Und was sei ihre Religion?
Der Nationalsozialismus.
Es war schön zu sehen, wie dem Polizisten die Kinnlade herunterfiel.

Ganz ehrlich, so etwas muss man doch jemandem erzählen – sonst würde man wirklich verrückt.
Der Grat zum Zynismus ist dabei allerdings schnell überschritten. Sollte Sie sich dabei beobachten, ist es Zeit für Sie eine Pause einzulegen oder sich ein anderes Betätigungsfeld zu suchen. Wenn man die Teilnehmer nicht mehr wohlwollend wahrnehmen kann, sollte man sich besser einen anderen Job suchen.

Abgeben
Bevor es allerdings so weit kommt, dass Sie aufhören müssen, ist es für Sie und jeden Mitarbeiter wichtig zu wissen, wo die persönlichen Grenzen liegen. Was können Sie mit Ihren Ressourcen (Zeit, Ausbildung, Nerven) tatsächlich erreichen? Wie lange sollen Sie in Ihren Bemühungen fortfahren?
Häufig versuchen Mitarbeiter (Bildungsbegleiter, Anleiter und Lehrer) länger mit dem jungen Menschen zu arbeiten, als es für sie und ihn sinnvoll ist. Die Frustration auf beiden Seiten wächst, das Verhältnis ist schließlich hoffnungslos zerrüttet.
Und leider erst dann wird der Kommunikator hinzu gezogen. Sozusagen als letztes Mittel. Häufig mit dem Auftrag: *'Einmal Brainwash/eine charakterliche Komplettänderung bitte!'.*

So gibt es wirklich Lehrer an Schulen, die nach einem einzigen Gespräch des Sozialarbeiters mit einem schwierigen Schüler erbost oder verständnislos zu dem Sozialarbeiter gehen und sich beschweren: „Er hat es wieder gemacht! Ich dachte du hättest mit ihm gesprochen?!"
Wie hoch muss da der Glaube an die geheimen Kräfte des Kommunikators sein?
Das Abgeben-Können gilt natürlich auch umgekehrt für die Kommunikatoren. Ihre Aufgabe ist es unter anderem zu erkennen, wann sie nicht mehr helfen können und zu wissen,

wer (besser) helfen kann, um dann dahin(-gehend) zu vermitteln.

Nichts persönlich nehmen

Ein befreundeter Psychologe sagte einmal, dass die Sonne der Psychologie sehr tief stehe. Sie werfe daher sehr lange Schatten. Warum ein Mensch handelt wie er handelt, warum ein Mensch nicht handelt wie er (meiner Meinung nach) handeln sollte, ist und bleibt ein Buch mit sieben Siegeln.

Im Nachhinein das Ganze tiefenpsychologisch, systemisch oder sonst wie zu erklären, fällt dagegen leicht (wenn ich genug Information bekomme oder über eine rege Fantasie verfüge). Übernehmen Sie in der täglichen Arbeit (gefühlt) die Verantwortung für die Handlungen, Erfolge und Misserfolge Ihrer Teilnehmern, oder fühlen sich persönlich beleidigt, wenn ihr Schützling nicht so handelt, wie Sie wollen oder es sinnvoll wäre (Ihrer Meinung nach), können Sie nur scheitern und ausbrennen. Als Mitarbeiter können Sie nicht wissen, warum der jungen Mensch so handelte wie er handelte und vor allem wissen Sie nicht, wozu es nicht doch vielleicht noch gut ist.

Am Ende wird alles gut ...
...und ist es nicht gut, so ist es auch nicht zu Ende.
Oscar Wilde

TEIL III

Ein Wort zu Maßnahmen - bezüglich der Teilnehmer

Ein Mehrheit der Maßnahmen ist konzipiert worden, um Klientel der Kostenträger irgendwie in Lohn und Brot zu bringen. Sei es in ein Ausbildungs- oder gleich in ein Arbeitsverhältnis. Und darauf müssen die jungen Menschen realitätsnah vorbereitete werden. Maßnahmen und Lehrgänge simulieren zwar nur die Wirklichkeit, sie sind trotzdem kein überbehüteter Schonraum (Fachjargon: kein Ponyhof). Auch hier gibt es Regeln, an die sich alle halten und sogar beugen müssen – wie in jedem Bereich.

Und auch, wenn einige es nicht gerne hören: da gibt es nun mal ein Oben und ein Unten, die Anweisung und die Ausführung, den Chef und die Untergebenen - kurz Hierarchie. Viele Teilnehmer haben so etwas noch nie in aller Konsequenz kennen gelernt und müssen daher an diese Art des Miteinander herangeführt werden - wie sollten sie sonst lernen mit Hierarchien im realen Leben umzugehen?

In einer Dokumentation über Strafgefangene in einer Jugendstrafanstalt (Spiegel TV) wurde ein Insasse über längere Zeit begleitet. Unter anderem nahm er auch an einem Anti-Aggressivitäts-Training (AAT) der Anstalt teil. Ganz vereinfacht soll bei einem AAT jeweils ein Proband von den anderen Teilnehmern des Trainings sehr intensiv mit seiner Tat (seinen Taten) konfrontiert werden. Auf diesem so genannten 'heiße Stuhl' innerhalb eines Stuhlkreises von Mitgefangenen zu sitzen ist äußerst stressig. Dieser Kreis ist eng geschlossen und auch Berührungen (Fachjargon: anschwulen) sind im weiteren Training erlaubt. Ganz verkürzt, ist es das Ziel, solch eine 'heißen Stuhl'-Session einfach

auszuhalten - ohne aggressiv oder ausfällig zu werden, ohne den Stuhlkreis zu verlassen (zu flüchten).
Als dieser junge Mann nun an der Reihe war wurde es ihm schnell zu viel und er verließ fluchtartig den Raum.
Er war augenscheinlich nicht mehr in der Lage etwas wahrzunehmen und reagierte auch nicht auf Ansprache. Die Mitarbeiterin des Sozialen Dienstes der Anstalt lief ihm hinterher (ihre Aufgabe), redete auf ihn ein (ihre Aufgabe) und versuchte ihm tatsächlich klar zu machen, dass er das 'ganz toll' gemacht habe und er seine Session ja eigentlich erfolgreich abgeschlossen habe.
Ihre Intension war klar: Sie wollte vermeintlich sein Selbstvertrauen aufbauen und ihn dadurch motivieren weiter am Training teilzunehmen. Sie kümmerte sich, sie redete, sie lief um ihn herum, sie lief ihm hinterher.
Aber: wer hatte hier die Kontrolle? Wer erzog hier wen? Wer lehrte hier wem was? Was hatte der junge Mann nun tatsächlich gelernt? Wäre es so schlimm gewesen ihn 'durchfallen' zu lassen und ihm zu sagen (nachdem er sich beruhigt hätte) „Beim nächsten Mal schaffst du es"?!
Was wäre seinem Selbstvertrauen auf lange Sicht zuträglicher?

Maßnahmen sind keine therapeutischen Einrichtungen. Die Teilnehmer (und wir sprechen hier nicht von Teilnehmern mit persönlichen Problemen irgendeiner Art, sondern von den eher unmotivierten) müssen sich einfinden in das Regelwerk der Maßnahme. Einordnen, sogar unterordnen. Ansonsten sind sie nicht berufs- oder ausbildungsreif. So einfach ist das!
Viele Teilnehmer sind der absolut festen Überzeugung, wenn Sie erst einmal aus dem Lehrgang sind, eine Ausbildungsstelle oder einen Arbeitsplatz haben, **dann** machen sie es ganz anders - nämlich richtig. Für sie steht außer Zweifel, von heute auf morgen ein ganz anderer

Mensch sein zu können: pünktlich, höflich, lernwillig, engagiert usw.
Weil sie sich **dann ja** 'auch wirklich' anstrengen. Da es **dann ja** um was gehe, weil es **dann ja** 'die Realität' sei oder sie schlichtweg einfach 'richtig' bezahlt würden.
Die Erfahrung zeigt allerdings mehr als deutlich, was die 'herausfordernden' Teilnehmer leider nur selten glauben:
Wer sich nicht in die Maßnahme einfinden, sich nicht an ihre Regeln halten kann, schafft es in der realen Welt meist auch nicht. So einfach ist das.
Alle lernen diese Lektion. Die einen früher, die anderen später.

Konsequenzen und Druck
Abhaken dürfen

Junge Menschen in Maßnahmen sind eine ganz besondere Kundschaft – das weiß jeder, der in diesem Bereich arbeitet. Sie haben eine Vorgeschichte und diese Vorgeschichte ist meist auch der Grund, warum sie überhaupt in Maßnahmen enden. Sie haben eine Vergangenheit (die nicht mehr zu verändern ist) und sie haben eine Zukunft. Diese können sie maßgeblich mitgestalten.
Der amerikanische Psychiater Milton Erickson postulierte einmal das Recht des Patienten zu scheitern. Dieses Recht zu scheitern gilt für alle Menschen. Auch für junge Menschen in Maßnahmen. Jedem Verantwortlichen ist klar, dass junge Menschen die Konsequenzen all ihres Tuns womöglich nicht überblicken können, auch wenn sie sicher sind, dass sie es könnten. Doch wer kann dies schon? Wenn die jungen Menschen keinem schaden, sollten sie so handeln dürfen, wie sie es für richtig halten. In diesem Zusammenhang ist es für Sie wichtig sich stets daran zu erinnern, dass Sie weder allen helfen, noch alle retten können. Vor allem nicht die, die sich wie auch immer dazu entschieden haben, keine Hilfen zu

wollen. Wer sich als Kommunikator diesen Schuh anzieht, wird niemals laufen können (oder zumindest nicht lange).

Es gibt Teilnehmer in Maßnahmen, die nicht wollen (Vorsicht Suggestion: die *noch* nicht wollen) oder die nicht können (*noch* nicht können). Die sich nicht einfügen, nicht lernen, sich nicht an Regeln halten wollen. Teilnehmer, die sich nichts sagen lassen wollen, weil sie es einfach besser wissen. Diese Aufzählung ließe sich beliebig weiterführen. Alle in diesem Buch beschriebenen Techniken sind lediglich Angebote. Sie können von Ihren Gesprächspartner angenommen, abgelehnt, adaptiert oder ignoriert werden.

Diese jungen Menschen als vernunftbegabte und vor allem als vernunftgesteuerte Wesen zu sehen, um diese dann zu der Einsicht zu führen, die Dinge so sehen, wie Sie sie für richtig halten, kann nur misslingen. Und ist zudem äußerst frustrierend.

Sucht jemand ein Restaurant auf und äußert lediglich, dass er Hunger habe, so kann der Kellner ihm die Speisekarte reichen (so er lesen kann) oder ihm etwas Besonderes empfehlen. Schlussendlich betet ein versierter Ober vielleicht die gesamte Speisekarte herunter. Irgendwann allerdings muss der Gast bestellen - oder gehen (vielleicht auch hungrig, vielleicht frustriert).

Werden die Angebote (und Regeln) einer Maßnahme nicht angenommen, so ist auch hier irgendwann einmal Schluss.

Das einzige, was Ihnen daher zu tun bleibt, ist dem jungen Menschen die Konsequenzen seines Tuns aufzuzeigen. Auf Faktenbasis. Nicht emotionslos, aber unaufgeregt, ohne Dramatik oder im gerechten Zorn. Das, was der junge Mensch als richtig erachtet und schlussendlich tut, hat nichts mit Ihnen zu tun.

„Ihnen sollte klar sein, wenn Sie A machen, wird B folgen!"

„Wenn Sie C machen, sind wir gezwungen D zu tun"

Der junge Mensch muss sein Leben leben, wir können es nicht für ihn tun. Er muss seine eigenen (Fehl-) Entscheidungen treffen (dürfen). Sie müssen ihn lediglich lassen.

Sie können es auch (positiv) als pädagogischen Prozess sehen: manche jungen Menschen müssen erst einmal „so richtig auf die Nase fallen", bevor sie -vielleicht Jahre später- wiederkommen und dann –erfahrungsgemäß- zu den besten Teilnehmern gehören. Sie haben ihre Lektion gelernt und wissen dann, was sie wollen, welche Vorteile eine solche Maßnahme hat und welche Chancen sie bietet/Sie bieten.

Besorgten Eltern können sie genau das erzählen. "Sie werden alle vernünftig. Die einen früher, die anderen später - und manche erst Mitte zwanzig. Aber vernünftig werden sie alle."

Das Gros der Teilnehmer beugt sich allerdings früher dem Druck.

Sie wählen für sich das kleinere Übel (den Lehrgang, die Maßnahme, die Schule). Begehren manchmal auf und versuchen weiter Regeln zu beugen und zu brechen. Das ist ihr Job.

Sie als Kommunikator werden daher nicht nur ein Gespräch und ein Treffen mit dem entsprechenden Teilnehmer haben.

Das wiederum ist Ihr Job.

Verabschieden Sie sich vor allem von dem Gedanken, dass Ihre jungen Menschen die Welt so sehen müssten, wie Sie sie sehen. Diesen Denkfehler mit der sehr passenden Bezeichnung „Einsichtsfalle" begehen vor allem Mitarbeiter im Sozialen und Therapeutischen Bereich. Sie glauben, wenn die richtigen Informationen und Argumente auch nur genannt würden der junge Mensch die selbe Sicht auf die Dinge erhalte und somit zur Ein-Sicht gelange. Und diese Ein-Sicht führe dann zu der gewünschten Handlungsveränderung und sogar zu einer gewünschten Charakterveränderung.

Dieser Glaube, über Einsicht (auch über erzwungene) Menschen zum Richtigen verändern zu können, ist so alt wie die Menschheit selbst. Diese unglaubliche faustische Versuchung ist nicht nur in diesem Zusammenhang –definitiv- falsch. Halten Sie an dieser Überzeugung fest, und Sie werden mit dem was Sie erreichen wollen scheitern.

Machen Sie es sich einfach: In Maßnahmen gibt es Regeln und Vorgaben. Und an diese hat der Teilnehmer sich zu halten. Fertig.

Sie müssen diese Regeln und Vorgaben nicht rechtfertigen - der Teilnehmer muss sie nicht "verstehen".

Wenn Sie dies nicht überzeugt, hilft es sich zu fragen, was Teilnehmer, die 'erfolgreich' durch Maßnahmen liefen, wohl in einigen Jahren sagen werden, was tatsächlich für sie hilfreich war?!

Oder um ein anderes Beispiel zu nehmen: Welche Lehrer waren bei Ihnen selbst die besten? Die mit Ihnen alles ausdiskutierten? Oder die, die eine Erwartungshaltung hatten, ohne allzu viel zu erklären?

Hält sich der Teilnehmer nicht an Vereinbarungen oder Regeln, sollte es dem Träger erlaubt sein die Maßnahmen für den Teilnehmer zu beenden.

Aufgrund ökonomischen Druckes, beispielsweise eine vertraglich vereinbarte Anzahl Teilnehmer im Lehrgang zu halten, wird leider zu häufig auf solche Vorgehensweisen verzichtet. Oder der Kostenträger ist anderer Ansicht als Sie und unterbindet einen Rauswurf. Die Schäden, die dadurch entstehen sind leider immens und nachhaltig. Was lernt denn dieser junge Mensch daraus, wenn sein Handeln keine Folgen hat? Wenn er nicht mit Sanktion rechnen muss?

Und was lernt er daraus, wenn er dann doch schlussendlich und für ihn irgendwie unerwartet aus der Maßnahme entlassen wird (Fachjargon 'fliegt')? Das Gleiche: Nichts!

Bei fehlenden Sanktionen wird er denken, er habe gewonnen oder er sei nochmals davongekommen.
Bei 'plötzlichen' und unerwarteten Sanktionen wird er das Handeln (da vorher nicht konsequent durchgegriffen wurde) als ungerecht empfinden.

Die Auswirkungen dieses inkonsequenten Verhaltens auf die anderen Teilnehmer, die dieses Spiel beobachteten, sind ähnlich negativ. Diese Kollateralschäden werden allerdings größtenteils nicht mit einberechnet oder schlichtweg unterschätzt.

Ein Gegenbeispiel mag hier aufschlussreich sein:

In jedem Lehrgang gibt es Teilnehmer, die über kurz oder lang aus der Maßnahme entfernt werden müssen. Das ist Fakt und jedem Mitarbeiter klar.
Nach den ersten Tagen und Wochen eines neuen Lehrgangs, begannen sich nun die ersten Kandidaten abzuzeichnen, die sich nicht an die Maßgaben eines Lehrgangs halten wollten. Nachdem für alle Kandidaten sämtliche Möglichkeiten des Sozialen Dienstes genutzt worden waren begann sich einer dieser Kandidaten besonders hervor zu tun. Er war nicht bereit, sich in irgendeiner Weise an Regeln oder Abmachungen zu halten.
Es wurde nun nicht die erstbeste Möglichkeit abgewartet ihn zu entlassen (z.B. ihn wegen Fehlzeiten schriftlich zu entlassen), sondern es wurde die 'beste' Möglichkeit abgewartet diesen Teilnehmer pädagogisch wirksam zu entlassen. Nicht um ihn zu demütigen - die Aussprache der

Entlassung erfolgte vollkommen korrekt - Ziel war es vielmehr, ihn bei einem geeigneten Anlass im Hause, in Anwesenheit seiner Freunde zu einem Gespräch im Büro zu bitten, um die Kündigung auszusprechen. Anschließend musste er seinen Spind räumen und das Haus verlassen. Diese Aktion sprach sich natürlich (gerade da solche Kandidaten in Maßnahmen bekannt wie bunte Hunde sind) wie ein Lauffeuer bei den Teilnehmern der Maßnahme rum.

So ging ein Teilnehmer verloren und so manch anderer wurde dadurch gerettet. Alle wussten, worum es ging und dass dieses Verhalten scheinbar umgehende Konsequenzen zur Folge hatte. Selbst der Delinquent konnte, da er korrekt behandelt und informiert wurde (und vorher seine Chancen z.B. durch schriftliche Abmahnungen erhalten hatte), vielleicht zum ersten Mal in seinem Leben etwas aus einer solchen Sanktion lernen.

Wie muss man sein?

An was muss ich glauben? Gelebte Werte und Überzeugungen

Ein jeder Träger, der sich auf dem Markt halten will, muss eine Qualitätssicherung einführen, um sich zertifizieren zu lassen. So entstehen u.a. auch diverse und schön zu lesende Leitbildern von Trägern, Schulen und sonstigen Einrichtungen. Über Sinn und Unsinn einer solchen Vorgabe und vor allem den Unterschied zwischen Theorie (was wurde angestrebt) und Praxis (die tatsächlichen Umsetzung) ließe sich ein eigenes Buch schreiben.
Ein solches Leitbild ist die (gemeinsam entwickelte) Selbstbeschreibung der Institution, die als Orientierung für alle Handlungen und Prozesse der Institution und ihrer Mitarbeiter dienen soll. Ähnlich einem Leuchtfeuer nach dem sich die

Handlungen und Einstellungen der Mitarbeiter richten sollen. Mit dem Leitbild werden Überzeugungen, Glaubenssätze, Werte und dadurch implizit oder explizit auch ein Menschenbild beschrieben. Und dieses wiederum bestimmt, wie die Mitarbeiter ihre Kunden sehen und behandeln sollen.

Diese idealen Leitbilder und die darin implizierten Forderungen sind allerdings sehr schwer umzusetzen und manchmal nicht unbedingt hilfreich in der täglichen Arbeit - im realen Leben mit realen Klienten.

Es gibt allerdings grundlegende Werte, Glaubenssätze und Überzeugungen, die für Sie hilfreich sein könnten. Diese wurden u.a. in Interviews mit Kollegen aus verschiedenen Maßnahmen und Trägern erfragt. Nicht unbedingt repräsentativ, doch erstaunlich übereinstimmend.
In den Interviews wurde explizit nach hilfreichen Glaubenssätzen, nützlichen Überzeugungen und sonstigen Hilfestellungen für angehenden Kommunikator in der Arbeit in Maßnahmen bzw. Zwangskontexten gefragt.
Hier nach einem kleinen Einschub die Antworten:

Für eine wissenschaftliche Untersuchung im Rahmen der Familientherapieforschung sollte eine repräsentative Stichprobe von Familien untersucht werden, die als *funktional* angesehen werden konnten– also einfach gesagt im weitesten Sinne als 'gesund'.
Ziel sollte es sein zu untersuchen, wie gesunde Familien interagieren und kommunizieren, um dann dieses Wissen bei nicht-funktionalen Familien zu Diagnosezwecken oder zur Therapie anwenden zu können.
Die Studie wurde allerdings abgebrochen. Die Forscher waren nicht in der Lage auch nur **eine** Familie zu finden, die die von ihnen beschriebenen Kriterien 'gesund' oder 'gesunde und funktionale Kommunikation' erfüllten.

- Als erste hilfreiche Überzeugung für Mitarbeiter in Maßnahmen gilt: **Normal gibt's nicht!**

Zu Beginn eines Lehrgangs dürfen Sie vom keinem Ihrer Teilnehmer etwas erwarten. Weder was schulisches Wissen, Umgangsformen oder körperliche Hygiene etc. betrifft. Alles, was Sie (mit Ihrer Sozialisation) als normal und selbstverständlich ansehen, ist vielleicht nur für Sie normal und selbstverständlich, nicht jedoch unbedingt für die Teilnehmer.

Eine junge Teilnehmerin stand zu Beginn der zweiten Lehrgangswoche an einer Wand des Pausenhofes und weinte bitterlich. Ungepflegt mit reparaturbedürftiger Kleidung. Der Kommunikator fragte sie sanft, was denn los sei. Erst nach mehrmaligen Nachfragen antwortete sie unter Schluchzen:
„Es ist Dienstag!"
„Ja und?"
Sie weinte weiter.
„Es ist so lang."
„So lang?"
„...bis Freitag!"
Sie konnte sich nicht vorstellen fünf Tage die Woche zu kommen und zu arbeiten. In der Schule war das ja schließlich auch nicht notwendig gewesen (?!)

- Wenn es „normal" nicht gibt, **so gibt es auch kein „unnormal"**. Daher ist auch kein Teilnehmer oder Klient 'unnormal'.

- In der Sozialen Arbeit kann man nur mit dem arbeiten, was tatsächlich schon vorhanden ist (Fachjargon: den Klienten dort abholen, wo er steht).

So schön und ökonomisch planvolles Handeln in der Arbeit in diesen Handlungsfeldern wäre: **es gibt kein Schema (F)**. Wenn der Klient *so* und *so* handelt, reagiere ich auf *diese Art* und Weise, und wenn er *so* handelt, reagiere ich auf *jene*

Weise – leider funktioniert das nicht. Theoretisch müssten Sie für 'schwierige' Teilnehmer und schwierige Gruppen das Rad in Teilen immer wieder neu erfinden. Jedem seine eigene Lösung.

Dem steht jedoch entgegen, dass Sie nur mit dem arbeiten, können, was die Maßnahme und ihre Finanzierung tatsächlich her gibt, was diese an Ressourcen personeller, temporärer und finanzieller Art bereit hält. Und da muss Ihnen klar sein, dass Sie als Mitarbeiter in einer Maßnahme **mit dem Mangel** auf beiden Seiten **haushalten** müssen.

Und sollte Ihnen dies gelingt, müssen Sie noch sich und Ihre eigenen Ressourcen in diese Rechnung mit einbeziehen.

- **Es gibt nicht die Eine Wahrheit.** Zumindest nicht im zwischenmenschlichen Bereich. Diese Überzeugung kann Ihre Arbeit wahrlich sehr vereinfachen.

Wenn es allerdings eine unteilbare unveränderliche Wahrheit nicht gibt, was gibt es statt dessen? Es gibt die Kraft des Perspektivreichtums. Also die Möglichkeiten, die aus den verschiedenen Sichtweisen und Perspektiven auf die Dinge, die Welt und ihre Sachverhalte erwachsen. Was allerdings nichts mit Beliebigkeit zu tun hat.

Um die Möglichkeit der verschiedenen Perspektiven zu verdeutlichen ein Beispiel:

Wenn ein Mensch einen anderen mit Vorsatz tötet, nennt man dies im Allgemeinen Mord.

Vollbringt dieser Mann diese Tat im Namen oder Auftrag eines Staates, so nennt man dies Hinrichtung, Problemlösung oder Gerechtigkeit (in einigen Staaten).

Gilt dieser Staat als totalitäres Regime, so sind wir wieder bei Mord.

Was ist nun wahr? Es kommt auf Ihre persönliche Sichtweise an.

Was hat dies nun mit Maßnahmen und Ihnen zu tun? Zweierlei:
Sie und Ihre Kollegen sind keine Ermittler oder Wahrheitsfinder. Versuche, nach einem wie auch immer gearteten Vorfall, beispielsweise einem Konflikt zwischen Teilnehmern, die 'Wahrheit' zu finden, also zu eruieren wer 'Recht hat' und wer nicht, sind nicht zweckdienlich. Denn genau darum sollte es in der Arbeit (mit Menschen) gehen: Zweckdienlichkeit und Nützlichkeit. Selbst wenn Sie die Wahrheit herausfänden, ändert sich noch lange nichts an dem Problem (dem Konflikt). Auf die Vergangenheit orientiert sein bringt Ihnen nichts. Es gilt vielmehr zu fragen, was dient einer Lösung? Wo wollen Sie hin? Was ist das gemeinsame Ziel?

Zum Zweiten sollten Sie sich von dem Gedanken verabschieden, dass Sie für einen anderen wüssten, was für ihn richtig ist. Das ist lediglich Ihre Wahrheit. Sollten Sie aber überzeugt sein, dass Ihre Wahrheit die einzig richtige ist, hätten Sie auch die Verantwortung diese durchzusetzen. Und das ist anstrengend. Ihre Wahrheit ist nur eine (mögliche) Perspektive. Die 'richtige' also nützliche und zweckdienliche Lösung für den Teilnehmer kann eine ganz andere sein.

- Da es nur verschiedene Perspektiven gibt, ist es hilfreich **den Klienten als wertzuschätzende Person anzusehen, welche Respekt und korrektes Verhalten verdient**.

Sie mögen das Verhalten, den Lebensstil und auch die Werte des jungen Menschen ablehnen, nichtsdestotrotz sollten Sie ihn als Person mit gleichen Rechten respektieren/akzeptieren. Obgleich sich dies wie eine Binsenweisheit liest, kann ich versichern, dass viele Mitarbeiter in Maßnahmen einen solchen Wert nicht unbedingt teilen (oder nicht mehr teilen).

- Ist der Klient eine Person mit gleichen Rechten, so ist es ferner gut sich immer wieder daran zu erinnern, dass der junge Mensch selbst entscheidet, was er annehmen oder

verändern möchte und was nicht. **Es ist sein Leben**, seine Entscheidung und seine Zukunft.
Ihre Sache ist es Angebote zu machen und Dinge aufzuzeigen. Und vielleicht ab einem gewissen Zeitpunkt auch los zu lassen.

• Für zukünftige Kollegen gilt: da Sie in Maßnahmen viel Leid mit ansehen müssen, beständig herausgefordert und häufig frustriert werden, sollten Sie eine **hohe Frustrationstoleranz** mitbringen, **viel aushalten** können und (Vorsicht Spagat) sich trotzdem **auf die Teilnehmer einlassen** können. Die Arbeit mit dieser Kundschaft sollte für Sie an sich sinnvoll sein und nicht nur dem Broterwerb dienen.
Eine solche Arbeit ist nichts rein technisches, denn Sie arbeiten mit Menschen. Sie können sich nur auf das einlassen, was Ihnen (am Herzen) liegt und nur dadurch können Sie (möglicherweise) etwas erreichen oder verändern.

• Eine der entscheidendsten Antriebskräfte, um als Kommunikator in diesem Bereich zu arbeiten, ist nicht Broterwerb, nicht Nächstenliebe, Eigentherapie oder ähnliches, sondern schlicht und einfach profane **Neugierde**. Neugierde am Menschen, seinen diversen Verhaltensweisen und an Zusammenhängen.

Und last not least:

• Da Sie nicht alles wissen können: Es gilt nicht Probleme **für** die Teilnehmer zu lösen, auch nicht nur **mit** ihnen zu lösen, sondern **vorzuleben und zu zeigen, wie Sie selbst Ihre Probleme und Herausforderungen bewältigen** und somit als Modell für die Teilnehmer zu dienen.

Ein Wort zu Maßnahmen - bezüglich Konzeption, Geldgeber und Kollegen

Im einem Vorstellungsgespräch für eine Maßnahme, fragte der zuständige Personaler den Bewerber:
„Sie wissen ja, unsere Klientel ist eine recht schwierige Klientel. Mit multiplen Vermittlungshemmnissen. Erklären Sie mal: wie motivieren Sie diese denn nun?"
Sprachs und lehnte sich im Stuhl mit überkreuzten Armen zurück.
Der Bewerber antwortete nach kurzem Nachdenken, dass man primär Kontakt und Vertrauen aufbauen müsse, (Nicken beim Gegenüber) Angebote machen sollte (nicken) und die Vorteile der Maßnahme aufzeigen könne (nicken). Man könne versuchen an den Überzeugungen, Werten und Interessen der jungen Menschen anzusetzen (nicken). Man könne in der Maßnahme mit den jungen Menschen arbeiten, Hausbesuche machen, ggf. die Familie oder sonstige Bezugspersonen mit ins Boot holen usw. (nicken).
Schlussendlich müsse man sich aber im Klaren sein, dass man nie alle erreichen könne. Manche jungen Menschen ließen sich nicht motivieren, manche wollen sich nicht motivieren lassen. Manch einer müsste erst einmal so richtig scheitern („auf die Fresse fallen"), bevor er in der Lage sei die Vorteile einer Maßnahme und deren Angebote zu sehen. Und einige müssten daher sogar einfach fallen gelassen werden.
Der Personaler stutzte kurz, schaute den verantwortlichen Kollegen aus der Maßnahme an und fragte diesen:
„Stimmt das...?"

So etwas wie *Brainwash* gibt es nicht!
Sie können niemanden gegen seinen Willen motivieren. Genau so, wie es Ihnen nicht gelingen wird, ihn gegen seine, wie auch immer gearteten Überzeugungen handeln zu lassen.

Allerdings sind Politik, Kostenträger und Maßnahme-ausschreibende-Institutionen da anderer Ansicht. Und da die Nachfrage das Angebot bestimmt, gibt es Träger, die diese Überzeugung mit verkaufen und sagen 'ja machen wir – kostet aber was!'. Und ein anderer Träger fügt hinzu 'ja, machen wir – sogar billiger?!'.
Welches Menschenbild müssen Verantwortliche haben, die davon überzeugt sind und fordern, dass das, was Schule, Elternhaus, andere Hilfsinstitutionen, Ämter, vielleicht sogar Ärzte und Therapeuten in vielen Jahren nicht hin bekommen haben, in wenigen Monaten durch die Teilnahme an einer Maßnahme nachhaltig verändern zu können?
Kostenträger beharren darauf, dass es Vereinbarungen gebe und sich der Träger zu diesen oder jenen Leistungen und vor allem zu bestimmten Ergebnissen verpflichtet habe. Es gibt sogar Maßnahmen, bei denen der Träger Konventionalstrafen zahlen muss, wenn er bestimmte Quoten der Vermittlung nicht erfüllt.

Erschwerend kommt hinzu, dass diese Kostenträger sehr genaue Vorgaben darüber machen, in welcher Art bestimmte Angebote durchzuführen sind. Dies heißt nichts anderes, als das Außenstehende (Nicht-Pädagogen) dem pädagogisch tätigen Personal in den Maßnahmen vorschreiben, **wie** sie ihre Arbeit zu machen haben und wie sie ihre Ziele zu erreichen haben. Welche Meinung haben diese Menschen von Pädagogen, Sozialen Diensten, Kommunikatoren und ihrer Arbeit? Von deren Wichtigkeit und ihrer Professionalität?

Wie (um-)programmierbar wird hier geglaubt sind jungen Menschen?!
Welche Macht hätten Kommunikatoren/Soziale Dienste, wenn sie derartige Brainwashfähigkeiten hätten?
Mit Sicherheit würden sie nicht bei sozialen Trägern arbeiten.

Herausfordernde Klientel ist zu motivieren und zu verändern (in Teilen) – sind die entsprechenden Ressourcen vorhanden: **Geld** für entsprechende diverse Angebote, **Maßnahmesicherheit** (die Maßnahme und ihre Mitarbeiter müssen nicht immer bangen die Maßnahme zu verlieren), **Freiheit** in der Ausführung, ohne ein zu enges Korsett an Vorgaben konzeptioneller Natur oder Einmischung von außen.

Und vor allem: **Zeit!**
Es kann nicht primär darum gehen Wissen und Know how zu vermitteln und Teilnehmer schnellstmöglich irgendwo unterzubringen. So schön und vor allem planbar das auch wäre. Es geht darum, dass junge Menschen Zeit zu reifen haben sollen. Sie sollen sich als ganze Person entwickeln und an Charakter wachsen. Kurz gesagt sie sollen erwachsen werden. Dieser Prozess benötigt Vertrauen. Und Vertrauen braucht Zeit.

Teilnehmer sind einerseits angewiesen auf transparente Strukturen mit einem festen und verlässlichen Regelwerk.
Auf der anderen Seite brauchen Träger, Maßnahme und ihre Mitarbeiter Spielräume, in denen sie flexibel auf Teilnehmer und deren Bedürfnisse eingehen können.
Zu glauben, junge Menschen schnell *'der Wirtschaft zur Verfügung stellen'* zu müssen (und damit aus bestimmten Statistiken nehmen zu können), ist viel zu kurzfristig gedacht. Selbst, wenn es geschafft wird, sie *'zur Verfügung zu stellen'*, sie irgendwo *'unter zu bringen'*. Wie lange werden sie verfügbar bleiben? Den dortigen Anforderungen genügen? Funktionieren?
Und wenn sie es unter diesen Voraussetzungen nicht tun – nicht den Anforderungen genügen, nicht funktionieren: was dann?

Das ist ja alles nur Manipulation

Wenn Sie die einzelnen Kapitel dieses Buches lediglich überfliegen, könnten Sie den Eindruck erhalten, es handele sich bei den beschriebenen Techniken in der Hauptsache um Manipulation.
Ist dem so?
Hier lohnt es sich ein wenig weiter auszuholen.
Wenn man davon ausgeht, was das Wort *Manipulation* bedeutet, nämlich: *„geschickte Handhabung, Handgriff, Kunstgriff."* so bin ich recht sicher, dass viele hier beschriebenen Vorgehensweisen *manipulativ* genannt werden können.
Geschickt, Kunst-griff. Denn wer würde behaupten, mit Menschen gut umgehen und kommunizieren zu können und sie etwas zu lehren sei keine Kunst oder habe nichts mit Geschick zu tun?

Für die meisten Menschen hat Manipulation allerdings eine andere Bedeutung:
"...den bewussten und gezielten Einfluss auf Menschen ohne deren Wissen und oft gegen deren Willen (z.B. in der Werbung)"
und eine solche (vermeintliche) Vorgehensweise lehnen viele für sich vehement ab.

Alle Techniken in diesem Buch, müssen Sie *bewusst und gezielt* einsetzen, wenn Sie *Einfluss* auf Menschen nehmen wollen.[4]

Und dabei sollte der Kommunikator immer strategisch vorgehen[5], da er ja etwas ganz Spezifisches erreichen

---
[4] Nicht umsonst steckt in `Pädagoge` ja auch das griechische ágein, was so viel wie führen (und leiten) bedeutet
[5] Stratege wiederum abgeleitet aus dem Griechischen von stratós „Heer" und erneut ágein „führen"

möchte. Sei es ein selbstgesetztes oder fremdbestimmtes Ziel. Er tut das, was er für gut und richtig hält, um auf den jungen Menschen oder eine ganze Gruppe *Einfluss zu nehmen.*

Strategisch bedeutet also, seine Kundschaft zu einem bestimmten Ziel zu führen.

Aber *"...ohne deren Wissen und oft gegen deren Willen".*
Das ist das unerhörte, ja verabscheuungswürdige in unserer aufgeklärten Welt. Genau das ist es, was viele Menschen und vor allem im Sozialen Bereich Tätige ablehnen: Die **unbewusste** Beeinflussung.

Vielleicht steckt dahinter die Angst selbst unbewusst beeinflusst zu werden. Ohne sich wehren zu können. Ein solches Vorgehen erscheint ihnen unerträglich und passt nicht in ihren Wertekanon.

Wenn ich mein Kind abends frage: Möchtest du dir die Zähne putzen bevor du den Schlafanzug anziehst, oder danach. Habe ich es dann manipuliert? Natürlich habe ich! Denn egal, für welche der beiden Alternativen es sich entscheidet, es muss die Zähne putzen und den Schlafanzug anziehen. Es macht, was ich will (bzw. für gut oder notwendig befinde) und entscheidet nur über die Reihenfolge (siehe Gesetze der Magie).

Wenn ich eine Situation entschärfen möchte, und halte es dabei für sinnvoll, dass sich ein Teilnehmer dafür setzt (um die Situation zu deeskalieren und hinsetzen scheint mir dabei der erste Schritt auf diesem Weg zu sein), könnte ich sagen „Setz dich (doch bitte)!",
oder als Frage formuliert „Möchtest du dich (denn) nicht setzen?" Beides kann er allerdings rundheraus ablehnen.

Frage ich ihn dagegen „Möchtest du dich auf diesen Stuhl, oder hier auf den Sessel setzen?", fällt es schon schwerer einfach abzulehnen. Dies ist eine eher unerwartete Frage auf die er nicht in eingefahrenen Bahnen antworten kann (was im weitesten dem Kriterium „*...ohne deren Wissen...*" entspricht).

„*...oft gegen deren Willen*" darüber ließe sich trefflich streiten. Es käme darauf an, **wann** ich ihn fragen würde.
Würde ich ihn im Anschluss eines 'guten' und für ihn befriedigenden Gesprächs fragen, würde er wohl verneinen dass es gegen seinen Willen war.
Aber gehen wir noch weiter.
Behauptung: **alle Kommunikation ist Manipulation**.
Und schon seit Watzlawicks erstem Axiom: alles Verhalten in einer zwischenpersönlichen Situation [hat] Mitteilungscharakter[6] wissen wir, dass alles, was wir tun Kommunikation ist.
Aber stimmt das mit der Manipulation? Ersetzen Sie das Wort Manipulation einfach durch Einflussnahme.

Wünsche ich beispielsweise jemandem einen 'Guten Tag', bezwecke ich mehr oder minder unbewusst etwas (strategisch) damit – sonst würde ich ja nicht grüßen. Vielleicht will ich nur einer Konvention genügen (man grüßt andere und fällt somit nicht negativ auf), mich unterordnen oder anbiedern (den Chef grüßt man nun mal), die Laune eines anderen heben, den Kunden in Kauflaune bringen etc.

Grüße ich dagegen nicht, sage ich möglicherweise (und versuche das Gegenüber dahin zu beeinflussen), dass es mich nicht ansprechen soll. Oder einfach, dass es (das Gegenüber) mir egal ist.

Allein, welche Frage aus der unglaublichen Anzahl möglicher Fragen ich auswähle, ist Manipulation. Auf welchen Punkt richte ich meinen Fokus und den des Gefragten? Wohin leite

---

[6] bekannter als: wir können nicht nicht kommunizieren

oder führe ich den Inhalt des Gesprächs. Hin zu Lösungen oder hin zu Problemen?

Alles Handeln, alle Kommunikation **kann** als Manipulation angesehen werden. Kann angesehen werden, muss nicht. Es ist nur eine mögliche Sichtweise. Dabei ist bewusst beeinflussen besser als unbewusst beeinflussen. Denn, wenn ich weiß, was ich tue, kann ich mögliche Folgen abschätzen. Wenn ich nicht weiß, was ich tue (es mir also nicht bewusst ist), weil ich beispielsweise die Konventionen nicht kenne, sind die Folgen möglicherweise negativ. Wenn Ihnen nicht bewusst ist, dass man im arabischen Raum nicht mit der linken (der unreinen) Hand grüßt, können die Folgen daraus äußerst negativ sein.

Ein Beispiel, was mit wohlmeinender aber unbewusster Kommunikation geschehen kann:

In einer Langzeiteinrichtung für alkoholabhängige Menschen gab es gemeinsame wöchentliche Treffen aller Mitarbeiter und aller Hausbewohner. Jede Gruppe hatte nun eine halbe Stunde Zeit für sie wichtige Punkte anzusprechen.
Einige Zeit zuvor hatten einige Bewohner Druck auf andere Bewohner ausgeübt, ja nichts in ihrer halben Stunde vorzubringen, damit man schneller zu Kaffee und Kuchen übergehen könne. So wurde durch die Heimleitung eingeführt, dass die Bewohner auf alle Fälle, ob etwas vorgebracht wurde oder nicht, ihre halbe Stunde Redezeit zu bekommen hätten.
So geschah es regelmäßig, dass sich beide Gruppen in diesen 30 Minuten anschwiegen. Soweit die Ausgangssituation.
Eine wohlmeinende Kommunikatorin versuchte nun mit vermeintlichen Fragen die Bewohner zum Reden und Mitmachen zu animieren. Sie hub an: "Jetzt ist ja wieder die Vorweihnachtszeit, die dunkle Jahreszeit. ...Wenn die Tage kürzer werden ...und einem klar, wird, dass wieder ein Jahr

vergangen ist, ... und man doch viel Zeit zum Nachdenken hat. Zum Grübeln. Und manche fragen sich, warum man ganz alleine ist. Und so schrecklich einsam. Dass man niemanden hat, der für einen da ist. Oder man durch die Krankheit alle verloren, vergrault und von sich gestoßen hat, die einem wichtig waren. Dass sich keiner meldet. Vielleicht kommen auch Gedanken auf, dass man sein Leben verpfuscht hat..." So fuhr sie sehr lange fort und endete schließlich mit der Frage "Was kann man denn tun?"

Eine gutgemeinte und auch konstruktive Frage. Allerdings hörte sie fast keiner der Bewohner mehr. Die meisten Bewohner waren in einer tiefen Problemtrance (Fachjargon: abgestürzt), mindestens die Hälfte weinte. Gnädigerweise ging die Heimleitung danach (und verfrüht) zu Kaffee und Kuchen über.

Nun haben viele Angst vor einer **unbewussten** Einflussnahme. Zu etwas geführt/verführt zu werden, auf das sie scheinbar keinen Einfluss haben, dem man also scheinbar ausgeliefert ist. Daher lehnen viele Mitarbeiter solch ein Tun auch für ihre Arbeit ab. Ihre Lösung ist daher, den anderen zu **bewusster** Einsicht zu führen. Die Idee dahinter ist, dass sie ihrem Gegenüber nur alle ihrer Meinung nach relevanten Informationen nennen müssten, damit der Gegenüber einfach die 'richtige' Entscheidung trifft (treffen muss). Sie sind der felsenfesten Überzeugung dass eine solch 'logische' Entscheidung wahr (die Wahrheit) und alles andere daher falsch sei (siehe 'Wie muss man sein').

Dabei übersehen sie, dass jegliches Überzeugen-Wollen die Kriterien der Manipulation erfüllt: Sie versuchen den anderen dahin zu bringen, was sie für richtig erachten (hier, was die Wahrheit ist, das einzig Richtige, das Logische). Und wenn der andere diese Wahrheit nicht einsehen will, wird so lange weiterargumentiert, bis der Gegenüber es einsieht, geht, oder sie ihn rausschmeißen müssen.

Auf den ersten Blick kann der Empfänger solcher Botschaften eine freie Entscheidung treffen. Doch wie frei ist sie wirklich? Von Seiten des Fragenden zu glauben, sie hätten den anderen bewusst, ohne ihn zu manipulieren, zu einer Einsicht im Sinne einer Erkenntnis geführt, dürfte als naiv bezeichnet werden. Der andere hatte lediglich die Erkenntnis, dass er sich einem Druck beugen musste.

Sie können sich fragen, wie sich ein solcher Mensch fühlt und vor allem, wie nachhaltig eine solche Erkenntnis ist.

ANHANG 1

In einer Maßnahme gab es wiederholt Unstimmigkeiten zwischen den verschiedenen Berufsgruppen (Werkstattleiter, Lehrer, Bildungsbegleiter und Sozialem Dienst). Es wurde ein Umfrage gemacht, was sich jeder Mitarbeiter von seinen Kollegen wünscht. Die überarbeitete Endfassung, die an die Mitarbeiter zurück ging, sehen Sie hier:

10 Gebote einer Maßnahme

1. Du sollst Deine Kollegen wertschätzen!
2. Du sollst Deinen Kollegen das Leben nicht schwerer machen als es schon ist, sondern sie unterstützen!
3. Du sollst Dich mit den anderen Berufsgruppen austauschen!
4. Du solltest öfter teamen!
5. Du sollst alle Teilnehmer gleich und korrekt behandeln!
6. Du sollst Dich um Deine Teilnehmer kümmern und beständig und verlässlich für sie da sein!
7. Du sollst um 7.30 Uhr beginnen und um 16.30 Uhr enden und dazwischen lediglich um 12.30 Uhr 30 Minuten ruhen!
8. Du sollst Dich an gemachte Absprachen halten!
9. Du sollst **deiner** eigentlichen Aufgabe nachkommen und diese erfüllen!
10. Du solltest Dir Gedanken machen, ob Du den Teilnehmern wirklich etwas geben willst!

Und die Chefin wurde gefragt: „Meisterin, was aber ist das höchste und edelste Gebot?"

Und sie antwortete: **„Du sollst mitdenken!"**

Und sie sagten: „Das steht oben aber nicht!",

und sie antwortete:

„Ist trotzdem wahr!"

ANHANG 2

Diese Regeln hängen im Warteraum der Musikschule meiner Kinder (vergleiche mit Teil III)

So erziehen Sie Jungen zu Verbrechern

Folgende 10 Regeln, „Wie man seinen Jungen zu Verbrecher erziehen kann" veröffentlichte die Polizei in Houston/Texas.

1. **Geben Sie Ihrem Jungen von klein auf alles, was er haben will. Er wächst dann in dem Glauben auf, die Welt habe für ihn zu sorgen.**

2. **Wenn er gemeine Ausdrücke aufgeschnappt hat, lachen Sie. Er wird sich dann für einen tollen Kerl halten.**

3. **Vermeiden Sie jede religiöse und auf Ideale ausgerichtete Erziehung. Warten Sie bis er 18 ist, und lassen Sie ihn dann selbst entscheiden.**

4. **Räumen Sie auf, was er rum liegen lässt. Bücher, Schuhe, Kleider. Tun Sie alles für ihn, damit er sich daran gewöhnt, die Verantwortung stets anderen zuzuschieben.**

5. **Streiten Sie häufig in seiner Gegenwart. Er wird dann nicht überrascht sein, wenn seine Eltern später auseinandergehen.**

6. Geben Sie ihm Geld, so viel er habe will. Lassen Sie ihn nichts selbst verdienen. Weshalb sollte er es so schwer haben, wie Sie es einst hatten.

7. Erfüllen Sie ihm jeden Wunsch nach Essen, Trinken und Vergnügen. Verweigern Sie ihm etwas, könnte dies zu gefährlichen Komplexen führen.

8. Gegenüber älteren Leuten, Nachbarn, Lehrern und Polizisten sollten Sie stets seine Partei ergreifen. Die können ihr Kind eben nicht leiden und verstehen sowieso nichts von „moderner Pädagogik".

9. Kommt er dann ernsthaft in Schwierigkeiten, so entschuldigen Sie sich selbst, in dem Sie sagen, „Ich konnte nie mit ihm fertig werden".

10. Machen Sie sich auf ein Leben voller Kummer gefasst. Sie kommen nicht darum herum.

KLEINES WÖRTERBUCH

Maßnahme - Deutsch
Deutsch - Maßnahme

Kommunikator	Der Mitarbeiter, der versucht etwas beim Teilnehmer ausschließlich über Sprechen zu erreichen
Tacheles	eine ungeschönte subjektive Wahrheit
ein Gespräch gedrückt kriegen	*pädagogisch wertvolle Hinweise bekommen, ohne sie gewollt zu haben*
runterbeten	*immer wieder die gleichen pädagogisch wertvollen Hinweise geben/bekommen*
einnorden	*verbal auf eine Richtungsänderung im Verhalten bestehen, zu einer Verhaltensänderung auffordern*
Brainwash	*Tilgung aller negativen Eigenschaften einer Person mit anschließender Einspeisung allgemein anerkannter Tugenden*
jemanden falten	*siehe 'einnorden' zuzüglich Herstellung der natürliche Ordnung*
darauf herum reiten	*mehrfach Fehler aus allen möglichen Perspektiven verdeutlichen, vor Augen führen, erläutern, spürbar machen*
nachbohren	*intensives Nachfragen (vgl. mit Inquisition)*

bespaßen	*Zeit verbringen mit dem Sozialpädagogen, ohne dass dies vorher geplant war (vom Sozialpädagogen)*
jemand/eine Gruppe läuft	*seltenes Naturphänomen, bei der jemand oder eine Gruppe selbständig das macht, was sie machen soll*
sich jemanden zur Brust zu nehmen	*pädagogisch wertvolle Hinweise geben, wobei der andere sie nicht will*
jemanden föhnen	*verbal **intensiv** auf eine Richtungs-änderung im Verhalten bestehen, zu einer Verhaltensänderung auffordern*
bocken	*deutliches Zeigen fehlender Kooperationsbereitschaft, einhergehend mit verbaler Hemmung*
authentisch sein, kongruent sein	*Einheit von Verbalem, Non-verbalem und dem was man tatsächlich meint und glaubt*
sich abseilen	*kreatives Gestalten von Begründungen etwas Besseres zu tun zu haben - kann auch heimlich geschehen (sich drücken)*
der Teilnehmer kommt runter	*Adrenalin, Noradrenalin, Pulsfrequenz und Blutdruck normalisieren sich, Verbindung zwischen Ohren und Gehirn ist wieder hergestellt.*

posen	*versuch zu beeindrucken durch archaisches Brunftgebaren*
sich produzieren	*posen in HipHop-Kreisen*
ein Verhalten abstellen	*daran erinnern werden, dass man eigentlich erwachsen ist, man es besser wissen sollte, mit der Aufforderung, es besser zu machen*
hinterfotzig	*simpler Versuch klüger zu sein als ein anderer, mit dem Ziel daraus einen Vorteil zu ziehen*
Ponyhof	*Ort mit vielen Rechten, ohne Pflichten, nicht von dieser Welt*
Anschwulen	*Versuch einen anderen durch sanfte Berührungen zu einer Reaktion zu animieren*
aus der Maßnahme fliegen	*Beendigung einer Maßnahme für einen Teilnehmer vor Maßnahmeende aus pädagogischen Gründen / mit pädagogischer Begründung*
den Klienten dort abholen, wo er steht	*Bonmot aus dem Studium der Sozialen Arbeit, hehres Ziel, an das sich wenige halten (siehe 'Ponyhof')*
abstürzen	*schnell die schlechtere Hälfte von manisch-depressiv erreichen.*

Über den Autor

Ingo Chill studierte Sozialpädagogik in Mannheim und arbeitete danach mehrere Jahre in der Berufsvorbereitung (Übergang Schule-Beruf), als Bewährungshelfer für Jugendliche und junge Erwachsene, als Schulsozialarbeiter an einer Berufsschule, als Jugendgerichtshelfer und Präventionspädagoge.

Ausgebildet in hypnotischer Kommunikation nach Milton Erickson und als NLP- Master schulte er Mitarbeiter in der Berufsvorbereitung, in der Kommunikation und im Umgang mit dieser herausfordernden Klientel.

Er arbeitete ehrenamtlich als Antiaggressivitätstrainer, ist Mentalcoach für den Jugendkaratekader des Saarlandes, liebt Theatersport und arbeitet und lebt mit seiner Frau und seinen drei Kindern im Saarland.

Vom Autor

Alle hier gegebenen Ratschläge, Tipps und Empfehlungen sind lediglich Ratschläge, Tipps und Empfehlungen.
Nutzen Sie sie nach Gutdünken, verwerfen Sie sie, entwickeln Sie sie weiter...

                           ...und schreiben Sie mir.

Ich freue mich über Feedback und Weiterentwicklungen.
Schreiben Sie an: *i.h.chill@gmx.de*

Ihnen alles Gute in Ihrem Tun
wünscht

Ingo Chill